寺院佛像

手繪圖鑑

插畫・さとう有作
翻譯・趙鴻龍

從姿勢、容貌、持物
理解佛像的奧祕

楓書坊

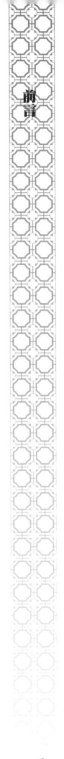

讓我們來聊聊佛像

日本的神祇有神明與佛陀。神明多達800萬尊，山岳、河川、瀑布等自然界的所有事物，皆有神明的存在；簡單來說，這些天然萬物均受到神明的庇護。

那麼佛陀呢？其實佛陀的數量也不在少數，主要可以分為4大類。首先為意指「覺醒者」的「如來」；其下為以悟道為目標，為拯救世人而進行修行的「菩薩」；呈現兇惡面貌以引導懈怠之人的各種「明王」；最後是精進修持，冀望達成「悟道」以庇佑世人，位居最下位的「天人（諸天）」，這些神祇皆稱為「佛陀」。

佛陀要告誡世人的內容為何？佛的日文發音為何是「Hotoke」呢？是代表「放任不管（Hottoke）」的意思嗎？其實不然，「Hotoke」的發音是為了讓遭到束縛的心靈獲得解放，從「舒緩、解開（Hodokeru）」等詞演變而來。「鬆一口氣、一掃心裡的陰霾，從而回歸『初心』，即為所謂的『解脫』，亦即『悟道』。」此即為佛陀要告誡世人之事。此外，佛陀的「手印」姿勢稱為「手語」，也能從佛陀手上的「持物」了解祂的教誨。就讓我們提起興致，一同來聊聊與佛陀有關的話題吧。

さとう有作

佛像呈現出我們心目中的理想樣貌

每當在寺院或美術館觀賞佛像時，我們的心情總能平靜下來，不知是否因為佛像具有療癒效果，以至於能夠淨化心靈，讓情緒獲得緩和。

我在即將邁入而立之年時，曾於亞洲各國尋訪各種佛像，後來得到「各地的佛像外貌和當地人極為神似」的結論。

巴基斯坦為佛像的發源地，這裡的犍陀羅佛像樣貌和路上神情精悍的男性極為相似。泰國的佛像體態就如同泰國人的身體般柔軟，中國的石佛散發一股中國長者的威嚴，西藏佛像則有一種西藏人的神祕感。如此看來，每個地區的人們都會將佛像塑造成「自己心目中理想的樣子」。想當然爾，日本的佛像一定也是先人「希望成為這種樣貌」，才會呈現我們現在所見的模樣。

本書以圖解為中心，由撰寫日本文化及歷史為生的我來為各位介紹、解說，期望能讓讀者獲得佛像的基礎知識。日本佛像的種類相當多元，如果不具備相關知識，便無法得知哪尊佛陀成就了哪些功德。倘若本書能在讀者進行寺院巡禮時派上用場，對我而言就是一件非常值得欣慰的事。

重信秀年

目錄

基礎知識

佛教的起源和佛像的誕生

佛陀的教誨即為佛教

始祖為古代北印度釋迦族的王子

佛教為西元前5世紀由釋迦牟尼（Gautama Śiddhārtha）於印度開創的宗教，而當時印度人所信奉的，乃是印度教的前身婆羅門教。

釋迦牟尼出生於藍毗尼（現在的尼泊爾），為釋迦族的王子，他在看見人們受到衰老、疾病、死亡所苦之後，在29歲時決定離鄉背景成為一名修行者。經過6年的苦行，最終於河邊的樹下開悟得道，成為「覺醒者」，亦即所謂的佛陀。其後，佛陀悟道之地被稱為菩提伽耶，這棵樹則稱作菩提樹。

釋迦牟尼最初是在鹿野苑（Sarnath）向5位比丘教授佛法，此次說法稱為初轉法輪；其後弟子逐漸增加，更出現捐贈僧院祇園精舍的富豪。佛陀到了80歲時，臥於拘屍那羅的娑羅雙樹下※入滅。

源自印度，流傳至中國、日本

入滅後約五百年一直沒有佛像

佛陀遺體在入滅後受到火化，遺骨則供奉在各地的窣堵波（佛塔）當中。早期的佛教信徒並沒有以雕像代表佛陀的習慣，而是供奉佛塔或法輪做為佛陀的象徵。然而，印度西北方的犍陀羅（現在的巴基斯坦），卻自西元1～2世紀開始製作用來膜拜的佛陀雕像，也就是所謂的「佛像」，可說是受到西方希臘文化的影響；與此同時，印度北部的馬圖拉也開始製作具有自我獨特風格的佛像。

犍陀羅的佛像經過中亞流傳至中國，之後又經由朝鮮半島傳入日本。根據《日本書紀》所述，百濟聖明王在欽明天皇13年（西元552年）時曾獻上一座「釋迦佛金銅像」。

※為佛教用語，代表宗教覺醒之人死亡的意思。

如來・菩薩・明王・天等諸尊像皆屬佛像

嚴格來說，只有如來像才屬佛像。菩薩應該稱為菩薩像、明王稱為明王像、天則稱為天像或天部像。然而一般來說，這些受到膜拜的諸尊像在廣義上都可稱為佛像。

如來像 呈現出家人的形象，下裳纏於腰下，身著法衣（大日如來除外）。法衣的穿著方式則分為覆搭兩肩的通肩，以及只露出右肩的偏袒右肩。

菩薩像 菩薩在出家前是一名王子，因此菩薩像多蓄髮結髻、頭戴寶冠，並配戴胸飾（地藏菩薩除外）。外觀比起如來像更加平易近人，表情也較為和藹。

明王像 為了降妖伏魔，教化尚未皈依佛法之人，明王像通常呈忿怒的樣貌，手上則拿著劍、金剛杵、戟等武器。

天（部）像 天部為佛教的守護神，由古印度諸神演變而來，因而擁有各種不同的樣貌。有些佛像穿著印度服飾，有些則穿著中國服飾。

如來

分辨重點
樸素衣裳、出家形象

菩薩

分辨重點
華麗飾品、入世形象

明王

分辨重點
名為「忿怒相」的憤怒表情

天

分辨重點
呈現各種不同造型

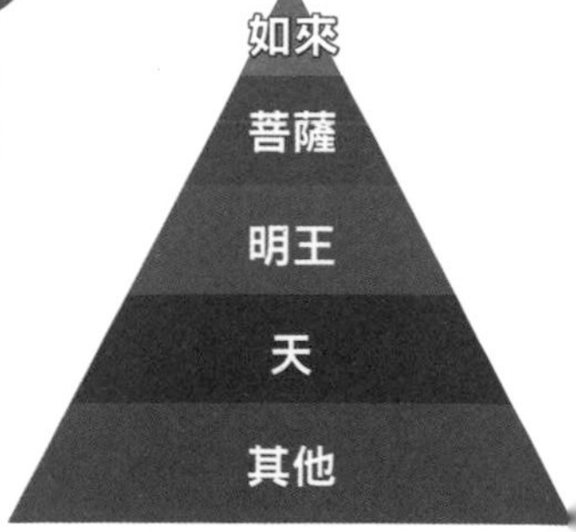

分辨・觀賞方式　姿勢篇

佛像的站姿、坐姿

高度一丈六尺以上的稱為大佛

儘管也有呈現釋迦入滅形象的涅槃像（寢釋迦），但大部分的佛像都為立像與坐像。

除了直立姿勢外，還有行走中的遊行佛，以及向上抬起單腳姿勢的立像。遊行佛在日本相當罕見，反倒常見於泰國的遺跡和寺廟當中，向上抬起單腳的佛像則以藏王權現為代表，另外也有四天王像這類以腳踩踏邪氣的佛像。

佛像的大小「丈六」，是以釋迦的身高1丈6尺為基準，若1尺以30・3公分換算，高度約為4・85公尺。長度超過丈六以上的佛像，人稱「大佛」。然而尺在中國及日本的長度因時代變遷有所差異，因此縱使號稱丈六，高度也不盡相同。

結跏趺坐

坐禪時採取的穩定坐姿，非常適合瞑想。

結跏趺坐①　降魔坐

右腳腳底朝上靠在左大腿，再將左腳靠上右大腿，使左腳位於交叉的雙腳之上，為常見於如來像的坐姿之一。

結跏趺坐②　吉祥坐

與降魔坐相反，右腳位於交叉的雙腳之上，也是如來經常採取的坐姿。

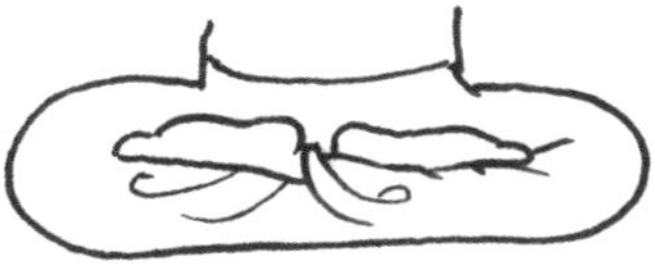

半跏趺坐

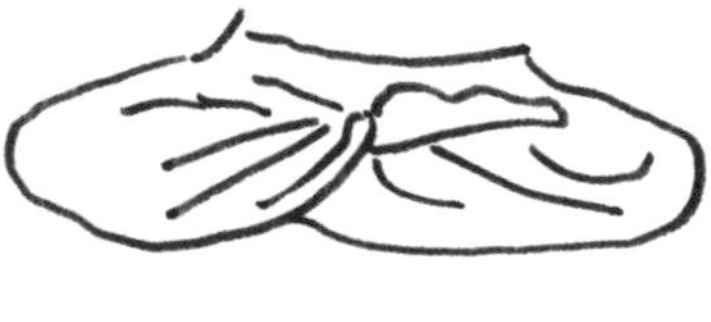

左右任一腳放在另一側大腿上的坐姿，為常見於菩薩像的坐姿。

佛像的基本坐姿、結跏趺坐

坐像以立像高度的一半，也就是8尺為基準，超過8尺的坐像便視為大佛。

坐像姿勢以禪定等瞑想時的坐姿「結跏趺坐（全跏趺坐）」最為普遍，尤其如來的坐像，多半都是採取這種分別將腳背靠在另一側大腿之上，使腳底露出在外的坐姿。結跏趺坐又分為左腳靠在上方的降魔坐，與右腳靠在上方的吉祥坐。

結跏趺坐當中，還有一種只以單腳靠在大腿上的簡略形式，名為「半跏趺坐」，是比結跏趺坐更為舒適的一種坐姿。

倚坐

坐在台座或椅子上的姿勢。

倚坐① 善跏倚坐

雙腳垂下的坐姿。

倚坐② 半跏倚坐

左腳垂下，右腳腳底朝上靠在左膝，為菩薩經常採取的坐姿。

其他

輪王坐

右膝直立，常見於如意輪觀音的坐姿。

跪坐

跪坐姿勢，常見於侍立在如來兩側的脅侍像上。

分辨・觀賞方式 手形篇

展現佛陀意志的印相

常見的「釋迦五印」

佛像會利用手掌及手指的組合表示悟道的狀態、意志、理念等意義，稱為印或印相；做出手印的動作則稱為「結印」。手印的歷史可追溯至古印度的婆羅門教，其後納入佛教。代表性的手印「釋迦五印」分為下列五種。

禪定印（定印）	表示瞑想開悟成道的手印。
降魔印（觸地印）	擊退妖魔妨礙悟道的手印。
轉法輪印（說法印）	進行說法時的手印。
施無畏印	使眾生安心、救濟世人的手印。
與願印	實現眾生願望的手印。

每個佛陀皆有獨自的手印，比如阿彌陀如來的定印就稱為「彌陀定印」，即以食指與拇指相捻成圈的手形。

施無畏印

手心朝前並舉至肩膀高度或胸前。

與願印

手心朝前、指尖下垂。

禪定印（定印）

雙手掌心朝上，交疊於肚臍前。

轉法輪印（說法印）

雙手皆以拇指與食指相捻成圈，有多種不同組合。

降魔印（觸地印）

手指下垂指向地面。

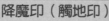

阿彌陀如來之印

彌陀定印

雙手掌心朝上，交疊於肚臍前方，
食指與拇指相捻成圈。

其他手印

大瞋印

以伸出食指、中指、無名指三根手指的雙手於胸前交叉，為軍荼利明王所結手印。

降三世印

雙手食指直立於胸前，小指交纏，為降三世明王所結手印。

合掌

雙手手心於胸前或面前合十膜拜。在密教中稱為「十二合掌印」，共分為12種手形組合。

分辨・觀賞方式

持物篇

佛像手中的持物

具體表現佛陀的任務與功德

佛像手持之物統稱為「持物」，例如藥師如來的藥壺、觀音菩薩的水瓶、不動明王的劍與羂索等。在密教中，持物也稱為三摩耶形（三昧耶形），以具體形狀象徵佛陀的誓願及任務，以期達到拯救眾生及護持佛法等目的。

舉凡法輪、鈴、金剛杵、錫杖等法具，劍、戟、弓、箭等武器，寶珠、寶塔、蓮花、吉祥果等琳瑯滿目的物品皆為持物；每位佛陀皆有獨特的持物，只要有所認識，便能在辨別佛像時派上用場。

有些佛像的手中空無一物，僅僅擺出結印或合掌的手勢，反之也有多臂（手）像等手拿複數持物的佛像，比方千手觀音的手上就拿著多達30多種持物。

蓮花

佛教代表性的花卉，也是佛像中最常出現的持物。蓮花出淤泥而不染，故為純潔的象徵。

手持此物的佛像
觀音菩薩

如意寶珠

能夠實現願望的神奇寶珠，為佛陀福德的象徵。

手持此物的佛像
虛空藏菩薩・地藏菩薩・吉祥天

法輪

象徵佛法廣布於人世間。

手持此物的佛像
如意輪觀音

佛珠

108顆佛珠，相傳是代表消除108種煩惱。

手持此物的佛像
准胝觀音

羂索

用來拯救眾生的繩索。

手持此物的佛像
不空羂索觀音．不動明王

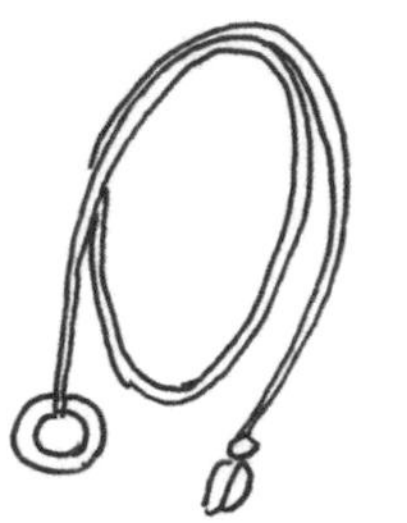

經書

寫有經文的卷軸。

手持此物的佛像
文殊菩薩

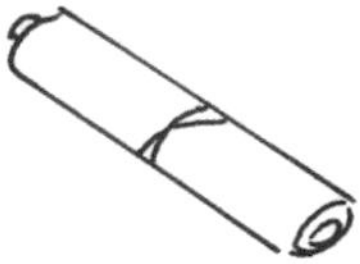

戟

由中國古代兵器演變而來的持物。

手持此物的佛像
毘沙門天

弓箭

消滅無明（煩惱）的象徵。

手持此物的佛像
愛染明王．降三世明王

寶劍

象徵斬斷煩惱的智慧之德。

手持此物的佛像
不動明王

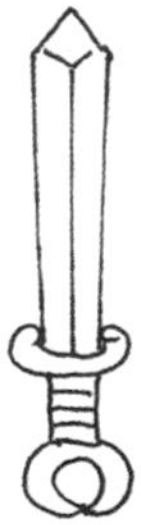

金剛杵

為打破煩惱的菩提心象徵，其中有獨鈷杵、三鈷杵、五鈷杵。

手持此物的佛像
金剛夜叉明王．仁王

藥壺

裝有治百病之藥的容器。

手持此物的佛像
藥師如來

錫杖

上方附有數個名為鐶的金屬環，一旦搖晃錫杖就會發出聲響。

手持此物的佛像
地藏菩薩

水瓶

裝有清淨傷口的水。

手持此物的佛像
觀音菩薩．勢至菩薩

寶塔

供奉佛舍利的塔。

手持此物的佛像
多聞天

分辨．觀賞方式　光背篇

顯現於佛陀背後之光相

身後發光的尊貴佛像

佛陀的身體會發出一種名為「後光」的光芒。身體朝四方射出約一丈，三十二相當中的「丈光相」，即為一種近似後光、附於佛像身後的光背。

佛像頭部的光背稱為「頭光」、身體的光背稱為「身光」，結合頭光與身光的稱為「雙重圓光背」或「舉身光背」。出現在頭部周圍的頭光，是以圓形或寶珠形光背的樣式呈現，而環繞全身的光背則呈現蓮花花瓣或船的形狀。

另外也有不少後光以外的光背呈現方式，比方常見於阿彌陀如來像、結合雙重圓光背與飛天的飛天光背，以及看似火焰形狀，常用於明王像的火焰光背，可說是五花八門。

舉身光

壬生光

可在京都壬生寺的地藏菩薩上見到的特殊光背。

飛天光

附有飛天的光背，受到阿彌陀如來像使用。

千佛光

配置無數小型佛像的光背。

火焰光背

呈現熊熊燃燒的火焰形狀，多附於不動明王等佛像後方。

船形光背

由於上方尖銳，形狀近似船形，故而得名。

雙重光背

由頭光與身光兩個圓圈組合而成的光背。

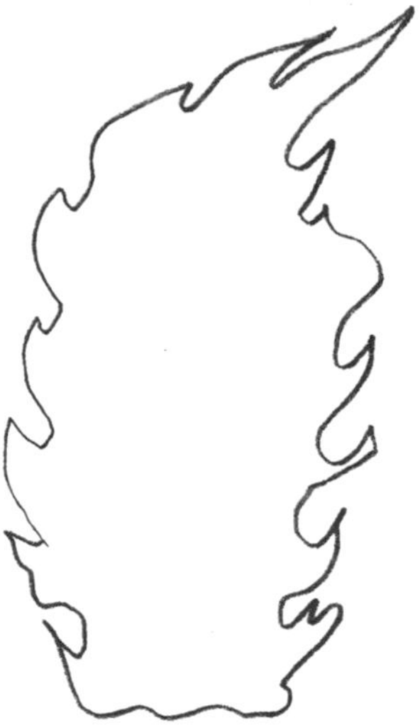

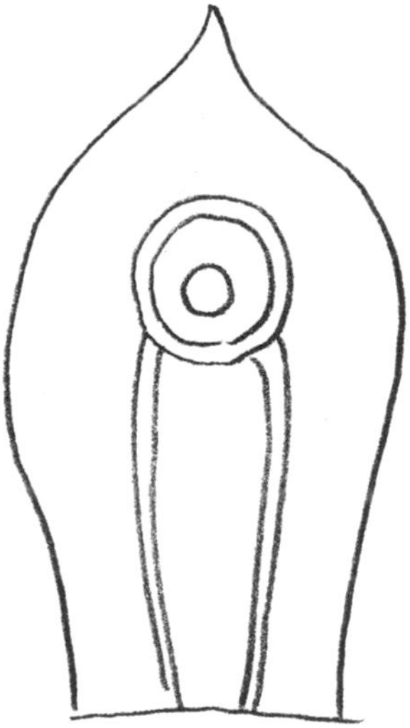

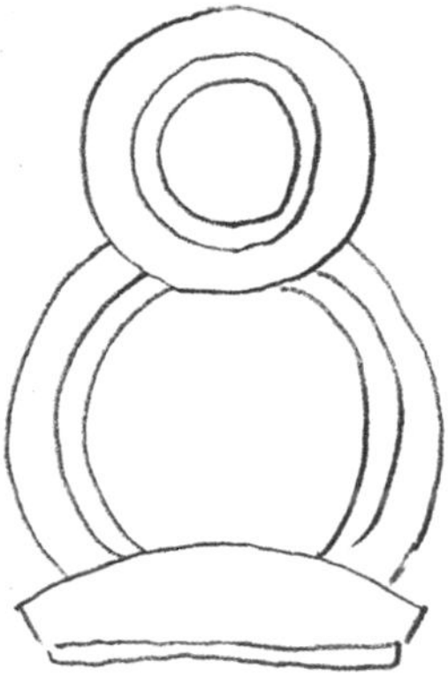

頭光

放射光

向外擴散的放射狀光芒，受到阿彌陀如來及地藏菩薩使用。

寶珠光

呈現如意寶珠形狀的光背，常見於觀音菩薩等佛像上。

輪光

以環狀光芒呈現的簡易光背。

圓光

於圓形光背加入蓮花或唐草的花紋。

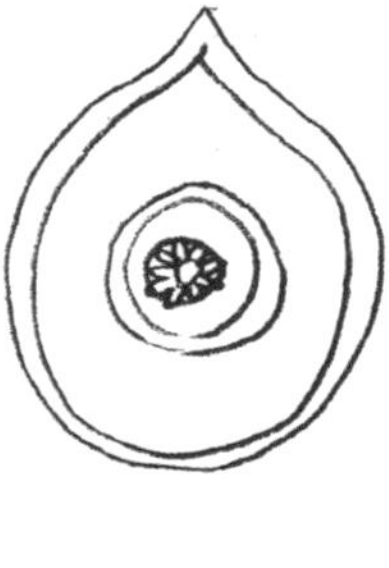

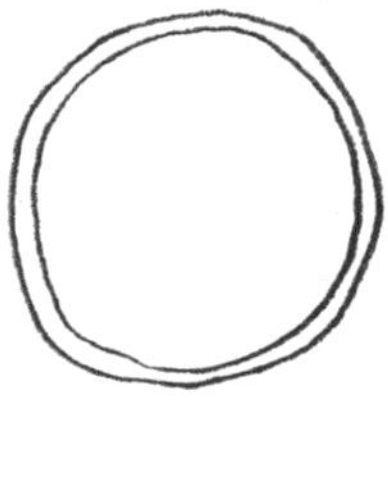

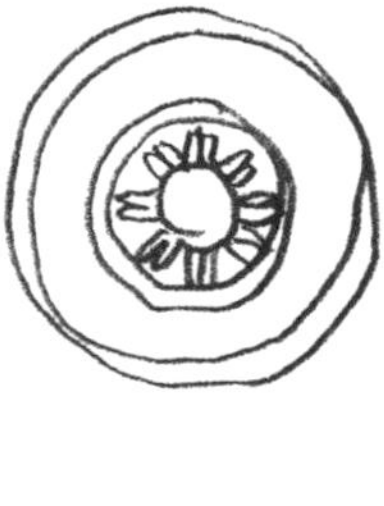

分辨・觀賞方式　台座篇

釋迦悟道時的居處

仿照蓮花或須彌山的形象

無論立像或坐像，只要是安置佛像的基台皆稱為台座，也有人稱為佛座、金剛座（金剛寶座）。釋迦於菩提伽耶開悟成道時，正是坐在菩提樹之下，這使得金剛座具有「堅固悟道之座」的意思，之後大多數的佛像台座便逐漸以金剛座稱之。

最常見的台座為仿造蓮花造型的「蓮花座」。蓮花座從古代便一直沿用至今，但仍有其他各種不同設計的台座，比如奈良法隆寺及藥師寺的佛像所使用的方形台座「須彌座」，以及佛像下裳從台座垂下的「裳懸座」等，從飛鳥時代便使用至今的古老形式台座。其他還有「鳥獸座」等特殊台座。

須彌座

象徵須彌山的台座，多為如來像使用。

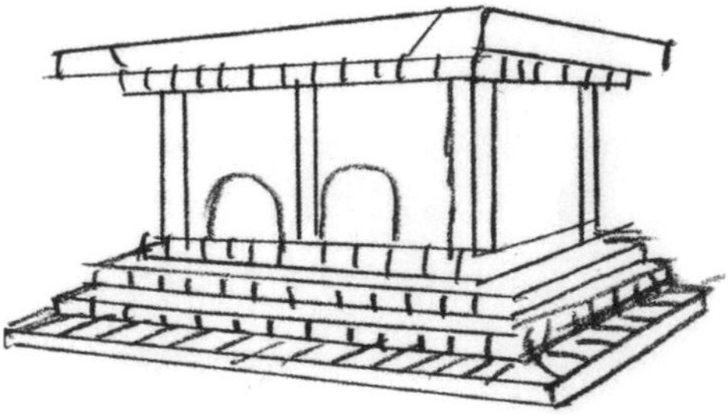

蓮花座

蓮花造型的台座，多半用於如來像、菩薩像之下。

雲座

以雲形台座表示來迎，為阿彌陀三尊像的脅侍等菩薩使用。

形形色色的台座

蓮花座　常用於如來像和菩薩像的台座。雙腳分別踩踏不同蓮花，這種樣式的台座稱為踏割蓮花座。

須彌座　方形台座，相傳是仿照須彌山的形狀而來。由於台座形似「宣」字，因此也稱為宣字座。

裳懸座　佛像衣服下裳垂下並覆蓋表面的台座，呈現優美的皺褶造型。

榻座　用於彌勒菩薩的半跏思惟像，形狀有如圓椅的台座。

鳥獸座　文殊菩薩像座下的獅子、普賢菩薩座下的大象，均為「鳥獸座」(也稱禽獸座)。

岩座　岩石造型的台座，為天部像所用。

瑟瑟座　岩座的一種，是以角材組合而成的公式化台座，上方安置不動明王像。

瑟瑟座

岩座的一種，上方安置不動明王像。

鳥獸座 象

普賢菩薩的台座，有時也會騎乘六牙白象。

洲濱座

代表沙灘的台座，為八部眾所使用。

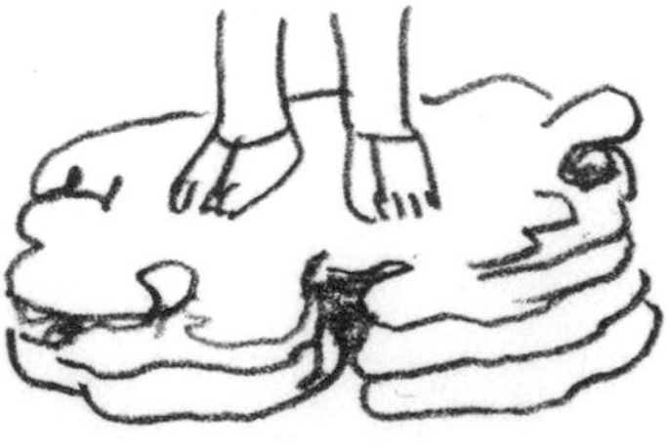

鳥獸座 水牛

由大威德明王跨坐騎乘，據說水牛是越過障礙的一種象徵。

鳥獸座 獅子

文殊菩薩的座騎，據傳獅子為佛陀智慧力的象徵。

鳥獸座 山豬

摩利支天有時會以山豬為座騎。

鳥獸座 孔雀

孔雀明王的台座，尾羽則成為光背。孔雀不僅美麗優雅，還會吃蛇，並消災解厄。

邪鬼

有時會讓四天王中的多門天像腳踩名為邪鬼的小惡鬼。

地天

毘沙門天像有時會有地天以雙手支撐佛像的雙腳。

如來

如來的特徵

體悟真理之人

乘真如之道，往佛果涅槃

如來按字面翻譯，為「乘真如之道者」之意。真如為所有事物的真實樣貌，亦即永恆不變的真理，因此如來代表「真實本質」、「來自不變真理世界之人」的意思，同時也是引領教誨芸芸眾生的象徵。

在翻譯為漢語之前，如來的梵語「Tath gata」為「乘如實之道而來（乘真如之道而去）」之意，亦指「到達真理之人」、「悟道之人」。

相傳釋迦在開悟後，首度於鹿野苑向5名修行者教授佛法，也就是所謂的初轉法輪時，亦曾提到「如來為達到大徹大悟境界之人，值得受到世人的尊崇」。

佛界第一人．如來
如來為佛界最上位的佛陀

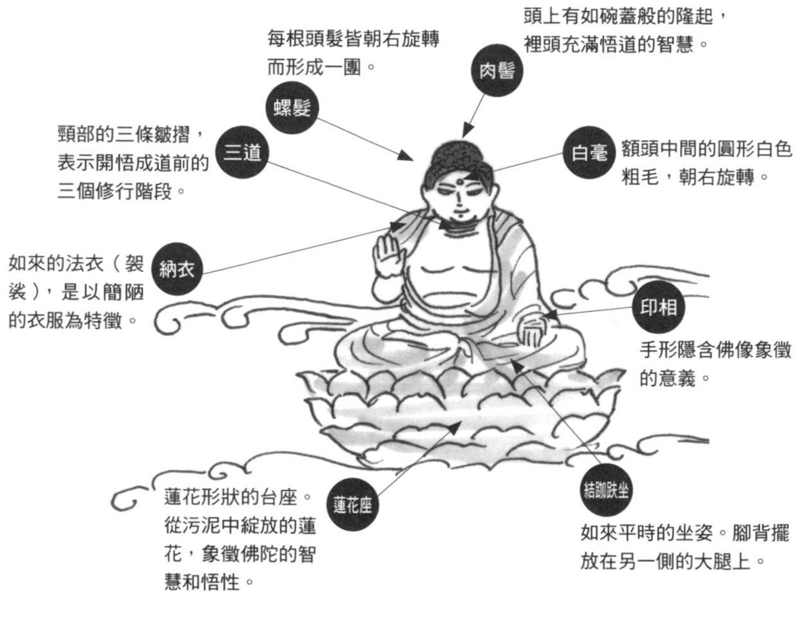

肉髻
頭上有如碗蓋般的隆起，裡頭充滿悟道的智慧。
螺髮
每根頭髮皆朝右旋轉而形成一團。
三道
頸部的三條皺摺，表示開悟成道前的三個修行階段。
白毫
額頭中間的圓形白色粗毛，朝右旋轉。
納衣
如來的法衣（袈裟），是以簡陋的衣服為特徵。
印相
手形隱含佛像象徵的意義。
蓮花座
蓮花形狀的台座。從污泥中綻放的蓮花，象徵佛陀的智慧和悟性。
結跏趺坐
如來平時的坐姿。腳背擺放在另一側的大腿上。

釋迦牟尼所開創

在佛教盛行之初，只有釋迦牟尼成為悟得真理之人（佛陀），也因此只有釋迦牟尼一人才能稱為如來。然而，在擁有藥師如來、阿彌陀如來、大日如來等許多佛陀的大乘佛教創立之後，如來的數量便逐漸增加。

如來卓越10品性

如來有10種不同尊稱，亦即「佛十號」，只要有所認識，就能在參拜佛陀時派上用場。

應供	值得供養、尊敬之人。
正遍知	悟得一切真理之人。
明行足	具備過去、未來、現在的智慧與德行之人。
善逝	脫離迷惘世界之人。
世間解	充分了解世間一切事理之人。
無上士	世上最為尊貴之人。
調御丈夫	最善於引導眾生開悟之人。
天人師	做為眾神與人類導師之人。
佛	悟道之人。
世尊	世間尊敬之人。

佛陀的世界

1

釋迦如來

呈現真理覺醒、開悟成道的釋迦牟尼樣貌

釋迦如來為呈現佛教始祖釋迦牟尼樣貌的佛像。西元前5世紀，於印度開創佛教的Gautama Siddhārtha，世人以帶有釋迦族聖者之意的釋迦牟尼稱之，同時也以「覺醒者」的身分將其稱為佛陀，如來則指「從真理世界而來之人」。

犍陀羅藝術以及早期的佛像，幾乎都是釋迦雕像。佛像最初是先從釋迦形象具體化開始，後來慢慢創作出各種不同的佛像。釋迦像雖有誕生佛、苦行佛、涅槃佛等不同面貌，日本寺院中奉為本尊的釋迦如來，多半皆為傳授佛法形象的說法像。

佛像見聞錄

可以膜拜這尊佛像的寺院！

國寶

名　稱：**釋迦三尊像**

寺院名：聖德宗總本山法隆寺

所在地：奈良縣生駒郡斑鳩町法隆寺山1-1

為飛鳥雕刻代表作的佛像。受到中國文化的強烈影響，其夢幻般的表情讓人印象深刻。三尊佛像的背後皆附有大型船形光背，這個一光三尊（三尊佛像皆立於同一光背中）的金銅像，乃是日本樣式最為古老的佛像。

代表性寺院

奈良・法隆寺

奈良・室生寺

京都・蟹滿寺

小知識

結手印的方式「定印」

和坐禪時的結印方式相同

為釋迦於菩提樹下開悟得道時的動作。禪定印為坐禪時的結印方式，常見於禪宗寺院的釋迦如來身上。請參考第26頁的「釋迦五印」。

分辨重點 Point

釋迦如來像通常與脅侍（侍從）文殊菩薩及普賢菩薩並列，以釋迦三尊的型態出現。如來身上沒有佩戴飾品或頭冠，外觀看來十分簡樸。

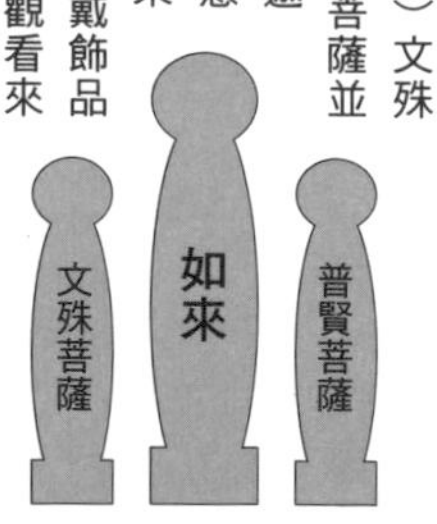

修行時期開始留了凌亂的長髮，整理之後便成為這種髮型
頂髻相
頭頂隆起的肉髻形狀
何謂白毫相？
額頭的白色長捲毛有如一顆白痣，並可從中綻放出光芒
釋迦如來
為所有佛像的基本形態
白毫相
實現願望的手
消除不安的手
台座
蓮花座
佛像的始祖

1 釋迦如來

佛像的手形及結印方式稱為印相，簡稱「印」。除此之外，每尊佛陀都會根據其淵源及功能而各有不同特色。

釋迦五印

釋迦五印為一種伴隨釋迦某個特定行為，依據其動作或手勢而產生的姿態。

施無畏印

這個將左手舉至胸前附近的姿勢，代表正告訴聽眾「好了，靜下心來仔細聆聽」的意思

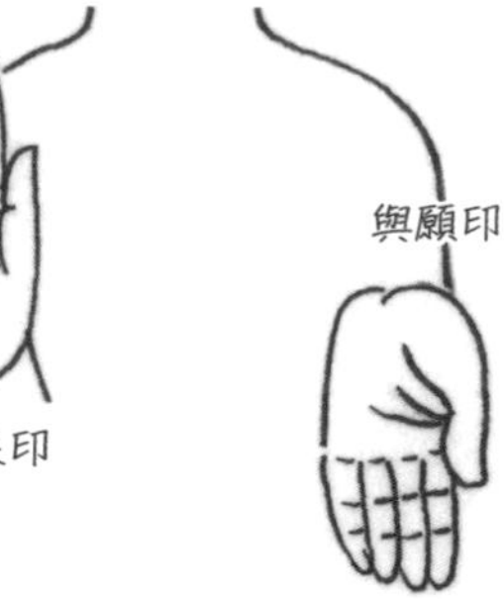

與願印

降魔印

說法印

定印

釋迦於菩提樹下開悟得道時的手印

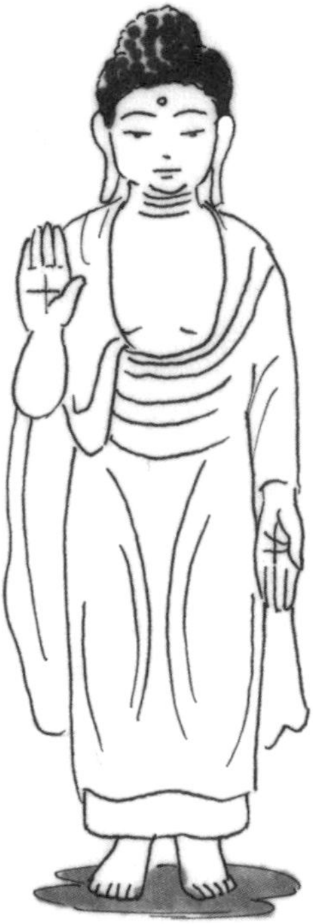

釋迦如來站立時的姿態

佛誕——4月8日為釋迦牟尼佛的生日（※因地區而異）

「佛誕」即慶祝釋迦誕生的日子。在4月8日前後，於日本全國的寺院及各個地區，信眾會以竹杓將甘茶淋在小型誕生佛像頭頂，這是根據釋迦誕生時，天空曾出現一條龍吐出甜水為祂清洗身體的典故而來。這個以釋迦誕生為形象的小型佛像，為釋迦出生後，前行七步，右手指天，左手指地，口說「天上天下，唯我獨尊」的樣貌。

國寶

高47.5公分的可愛誕生佛

名　稱：**東大寺「誕生釋迦佛立像」**

寺院名：華嚴寺大本山東大寺

所在地：奈良縣奈良市雜司町406-1

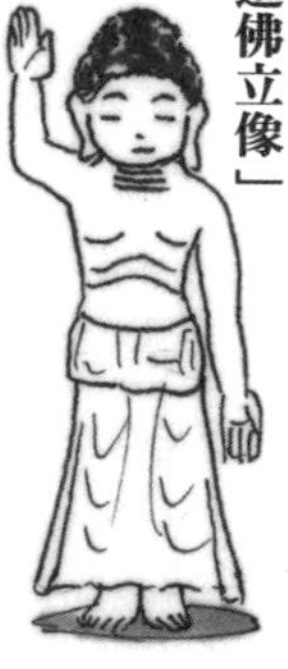

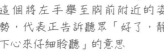

三十二相・八十種好的代表物

佛像莊嚴的色身中，共有三十二個明顯特徵（三十二相），以及八十個細微特徵（八十種好）。

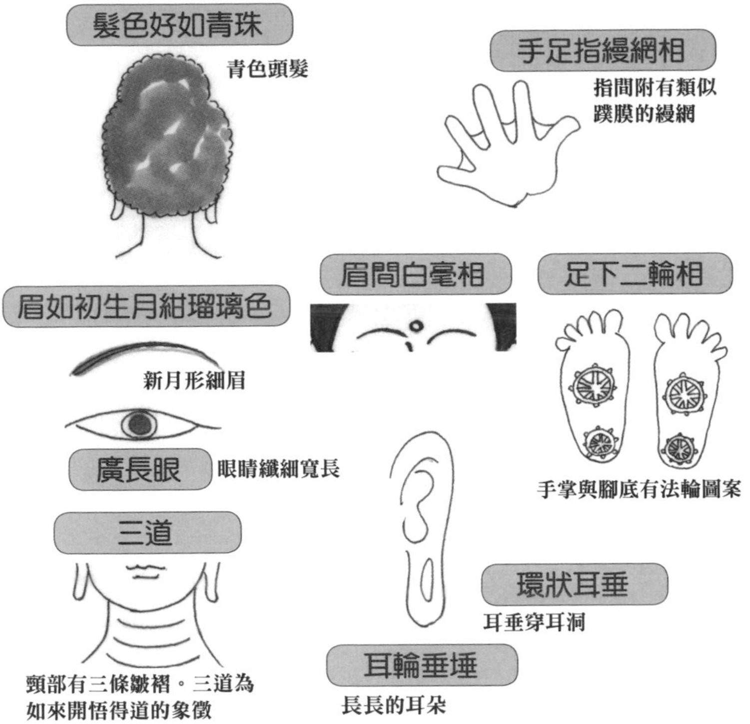
髮色好如青珠
青色頭髮
手足指縵網相
指間附有類似蹼膜的縵網
眉間白毫相
足下二輪相
眉如初生月紺瑠璃色
新月形細眉
手掌與腳底有法輪圖案
廣長眼
眼睛纖細寬長
三道
環狀耳垂
耳垂穿耳洞
頸部有三條皺褶。三道為如來開悟得道的象徵
耳輪垂埵
長長的耳朵

佛傳

「佛傳」為描述佛陀生平的故事，其中最重要的事蹟稱為釋迦八相，有各種不同形式的佛陀像。

降魔成道像
降妖伏魔的修行，開悟得道的形象

釋迦苦行像
斷食、修行時代

誕生佛
佛陀誕生

涅槃像
去世（入滅）的形象

2 阿彌陀如來

默念其名，往生後就能前往極樂淨土

阿彌陀如來是統治西方極樂世界的佛陀，最初自稱法藏菩薩，並發下四十八個大願，以期拯救眾生，經過不斷修行成為如來。阿彌陀為梵語Amitāyus（無量壽）與Amitābha（無量光）的音譯，因此也稱為無量壽佛、無量光佛，有時也會簡稱為彌陀。

根據阿彌陀佛的形象和功績，中世紀開始有默念其名，死後就能於極樂世界投胎轉世之信仰。阿彌陀佛像，多半呈現彌陀定印等獨特的手印。

佛像見聞錄

可以膜拜這尊佛像的寺院！

東京：九品佛淨真寺
鎌倉：高德院（鎌倉大佛）
栃木：日光山輪王寺
京都：三千院（彌陀如來三尊坐像）
京都：永觀堂(無量壽院禪林寺)

東京的九品佛淨真寺，也成為東京急行電鐵大井町線「九品佛站」的站名，附近有等等力溪谷等令人忘卻身處都會的自然景點。

代表性寺院
京都・平等院

小知識 享受音樂的佛像

描繪於光背上的極樂世界景象

京都平等院的阿彌陀如來，光背與後方的牆上均繪有以華美姿態翱翔天際的雲中供養菩薩及飛天。透過手持樂器的形象，彷彿可以聽見音樂繚繞，也是極樂世界的景象之一。阿彌陀如來為戌、亥年的守護本尊。

阿彌陀三尊位置

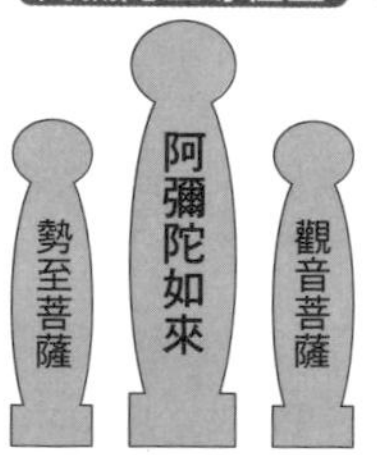

分辨重點Point

阿彌陀如來有坐像與立像，淨土真宗的本尊則固定以立像呈現。

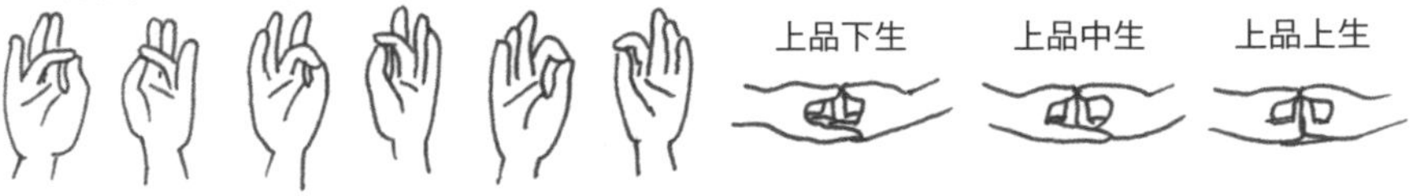
中品下生
中品中生
中品上生
上品下生
上品中生
上品上生
下品上生
下品中生
下品下生

九品來迎印

巨大的螺髮！
五劫思惟阿彌陀佛

阿彌陀佛為了拯救眾生，因此以五劫（積年累月）的時間來進行思惟，並發下四十八大願，經過不斷修行，最後形成這種螺髮層層堆疊的髮型。

偏袒右肩

褪下右肩衣服，只覆蓋左肩的穿法，有時也會將衣服稍微披在右肩上

甚至還有這種髮型

寶髻

頭髮於頭頂束起的髮型

默念南無阿彌陀佛便可前往極樂淨土……

台座

坐在美麗的花朵（蓮花）上

3 藥師如來（藥師瑠璃光如來）

拯救眾生免於疾病折磨 又稱「醫王」的佛陀

祂是東方淨土、亦即淨瑠璃世界的教主，正式名稱為藥師瑠璃光如來。由於是治療身心疾病的佛陀，因此被世人稱為醫王。藥師如來化為菩薩時，曾發下「除病安樂」、「息災離苦」等十二大願，後來終於成就心願，化為如來。也因此，日本自古以來便將祂奉為拯救世人免於疾病苦難的佛陀，西元680年，天武天皇為了祈求皇后身體康復而興建的奈良藥師寺最為著名。

雖然外觀與釋迦如來相同，但藥師如來的特色在於代表與願印的左手上放有藥壺。藥師如來和脅侍日光菩薩及月光菩薩，合稱藥師三尊。

代表性寺院

奈良・法隆寺　京都・仁和寺
奈良・唐招提寺　京都・醍醐寺
奈良・藥師寺

小知識

左手的藥壺裝滿靈藥 以藥壺與釋迦如來做出區分

手持藥壺、醫治百病的藥師如來，別名醫王，乃是醫藥兼備的佛陀。

佛像見聞錄

可以膜拜這尊佛像的寺院！

國寶

名　稱：**藥師三尊像**
寺院名：法相宗大本山藥師寺
所在地：奈良縣奈良市西之京町457

有時也會在藥師如來的光背上看見7尊佛陀，祂們被稱為「七佛藥師」，堪稱藥師如來的分身。

分辨重點 Point

藥師三尊像的代表脅侍為日光菩薩及月光菩薩。相傳日光菩薩會以光明普照大地，消除諸苦根源的黑暗；月光菩薩則代表以沁涼寧靜的月光來解決煩惱。

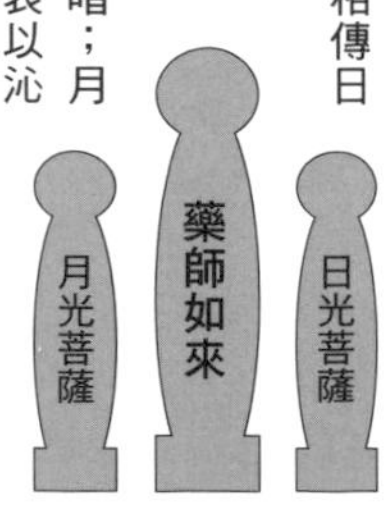

讓我們默念南無藥師如來（佛）吧

藥師的三界印
在阿彌陀的九品印中稱為下品上生，是以拇指與食指相捻成圈
納衣
覆於上半身的袈裟
神奇的藥壺
施無畏印
不加害對方，使眾生無所畏怖的手印
台座
蓮花
也有和藥師十二神將（P114）一同供奉的寺廟

4

大日如來

依循密教教義，象徵宇宙真理的偉大佛陀

大日如來為真言密教的教主，祂不僅超越了釋迦牟尼所提倡的佛教範疇，同時也代表宇宙的真理，更是和宇宙融合為一體的佛。由於其光明遍照大地，也有遍照如來之稱。除了具備所有佛陀與菩薩的福德之外，在神佛混淆的時代，也曾將祂視為天照大神的化身。

密教中有金剛界與胎藏界兩部純密，金剛界的大日如來手結智拳印，胎藏界的大日如來手結法界定印。智拳印象徵佛陀智慧，法界定印代表瞑想中的狀態；大日如來像多呈現手結智拳印的姿態。

佛像見聞錄

可以膜拜這尊佛像的寺院！

國寶

名　稱：**運慶作．大日如來座像**

寺院名：忍辱山圓成寺

所在地：奈良縣奈良市忍辱山町1273

圓成寺的大日如來坐像，為佛師（製作佛像的工匠）界的天才「運慶」年輕時打造。佛像相當逼真，就像是一個真人坐在那裡，乃因採用水晶板鑲入眼中的「玉眼」技術刻製而成。

代表性寺院

京都．東寺

和歌山．金剛峯寺

小知識

忍者般的手勢……。

專屬大日如來的手印——智拳印

以右手握住豎起的左手食指，是金剛界大日如來特有的手印，象徵大日如來的智慧。祂也是未年．申年的守護本尊。

分辨重點 Point

其他佛陀身上絕對找不到如此豪華絢麗的寶冠及裝飾，堪稱是最值得一看之處，這代表大日如來在諸多佛陀中至高無上的地位。

身穿華美衣裳的優雅之姿

於真言密教宣揚佛法的宇宙佛

寶髻
長髮如髮髻般盤於頭頂
寶冠
被稱為五智寶冠，象徵具有如來最高的地位，華麗裝飾令人目不暇給
瓔珞
胸飾閃亮動人
臂釧
臂環
腕釧
佛陀的手鐲
台座
於蓮花瓣上結跏趺坐

5 毘盧遮那如來

眾所皆知的「奈良大佛」象徵壯闊宇宙的佛像

毘盧遮那這個以難字構成的佛號，是從帶有「照耀」含義的梵語Vairocana音譯而來，也能簡稱為盧舍那佛或遮那佛，通過意譯方式，也有光明遍照之稱。毘盧遮那如來不但是『華嚴經』的教主，也是普照宇宙萬物的佛陀，所象徵的是廣大無邊的佛陀智慧；在密教中，祂為大日如來（Mahāvairocana）的化身。

為符合毘盧遮那如來宇宙般廣闊無垠的形象，其像皆製作成巨大的雕像。奈良東大寺（華嚴宗）的本尊「奈良大佛」，於天平勝寶四年（西元752年）開眼，乃是銅鑄的盧舍那佛。

代表性寺院
奈良・東大寺
奈良・唐招提寺

小知識

超大型的佛像
藉以呈現宇宙的浩瀚

毘盧遮那如來需要以龐大規模製作，所以在日本只有奈良的東大寺、唐招提寺以及九州的戒壇院等地才能看見祂的身影，東大寺的毘盧遮那如來更以「奈良大佛」著稱。

佛像見聞錄

可以膜拜這尊佛像的寺院！

國寶
名　稱：**毘盧遮那佛坐像**
寺院名：華嚴寺大本山東大寺
所在地：奈良縣奈良市雜司町406-1

名　稱：**盧舍那佛坐像**
寺院名：唐招提寺
所在地：奈良縣奈良市五條町13-46

唐招提寺的毘盧遮那如來，以千手觀音和藥師如來為脅侍，他處不曾見到這種組合。

分辨重點 Point

唐招提寺的盧舍那佛坐像，光是背上就有不計其數的化佛（小型佛像）。

透過釋迦牟尼的形象宣揚佛法

如太陽般的神聖地位

象徵浩瀚宇宙的佛陀

肉髻　裝有悟道的智慧

奈良大佛為毘盧遮那如來

鎌倉大佛為阿彌陀如來

台座　於蓮花台座上結跏趺坐。刻劃於東大寺蓮花台座（蓮花瓣）上，用來呈現華嚴經世界觀的繪畫，也令人十分讚嘆

6

其他如來

如來數量不勝枚舉 譬如五智如來、過去七佛等

除了釋迦如來、阿彌陀如來、藥師如來、大日如來、毘盧遮那如來之外，還有其他諸多如來存在。例如空海所開創的高野山金剛峯寺，其本尊也稱為阿閦如來。阿閦如來為密教有「金剛界五佛」別名的「五智如來」之一，主要掌管五種智慧中的大圓鏡智（如大圓鏡映照般的智慧）。

五智如來中還有寶生如來（掌管領悟平等的智慧）、不空成就如來（掌管成就所有事物的智慧）等；此外也有寶幢如來等屬於「胎藏界五佛」的佛陀。據說在釋迦出現之前，有六尊佛陀（如來）現身於世上，包括釋迦如來在內，七位佛陀合稱「過去七佛」。

菩薩

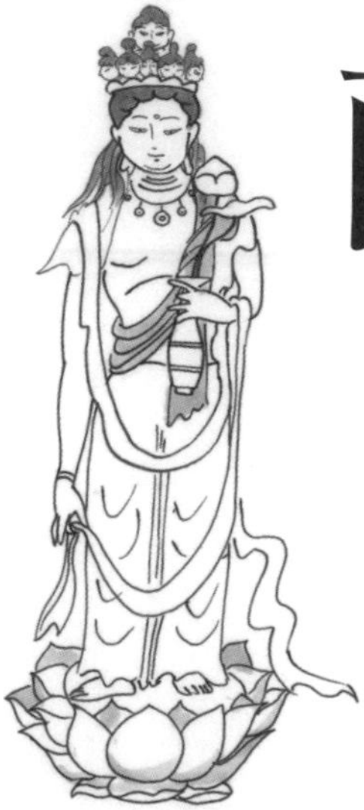

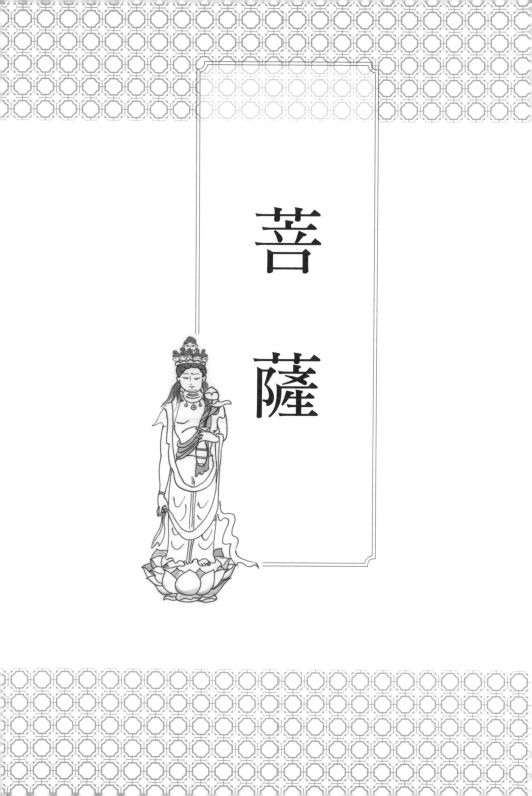

菩薩的特徵

尋求悟道的修行者

佛的後繼者

所謂的菩薩，是指為尋求悟道而進行修行之人。梵語為bodhisattva，中文音譯為「菩提薩埵」，簡稱菩薩。bodhi（菩提）代表「佛的悟性」，sattva（薩埵）則有「生命體、眾生」的含義。由於釋迦牟尼於前世不斷用佛的慈悲來憐憫世人，因此今生才得以領悟真理、到達悟道的境界，最終成為佛陀（佛）。基於這個想法，我們可以想成在釋迦牟尼成為佛陀之前，即是世上唯一的菩薩。

然而，承認許多神佛存在的大乘佛教，也將以開悟得道為目標的修行者，以及修行之後將來必定成佛的人稱為菩薩。

菩薩所進行的修行、波羅蜜

菩薩鑽研的修行項目稱為「波羅蜜（波羅蜜多）」。一般是以布施、持戒、忍辱、精進、禪定、般若六種內容構成六波羅蜜，但也有加上方便、願、力、智而組成的十波羅蜜。

布施	進行施捨。
持戒	嚴守戒律。
忍辱	承受侮辱及苦難。
精進	專心致志於佛道修行。
禪定	靜心凝神，集中瞑想。
般若	看穿真實，使真理撥雲見日。
方便	講授引導眾生之道。
願	誓言。願望。濟度眾生的願望。
力	培養帶來卓越能力的力量。
智	了解世間所有事物。

菩薩未來將會成佛得道，其中彌勒菩薩已經確定為釋迦牟尼之後的如來繼任者。

有些菩薩像會作為本尊供奉，有些則是擔任如來的脅侍。

7

彌勒菩薩

未來將會成佛得道，並拯救世人的菩薩

彌勒菩薩是一名將來必定成佛得道的「未來佛」。現在雖然向居住於兜率天的天人宣揚佛法，但在釋迦入滅的五十六億七千萬年後，就會為了濟度眾生而現身於人世間。彌勒之名為梵語名Maitreya音譯而來，具有慈悲及慈愛的含義，因此也稱為「慈尊」。

彌勒菩薩像也有類似釋迦如來的坐像及立像，但京都廣隆寺、奈良中宮寺的半跏思惟像卻相當出名（中宮寺內還有如意輪觀音）。

採取坐姿，將右腳擺放在左膝上，右手搭在臉頰上的半跏思惟像，呈現出彌勒於兜率天若有所思的樣貌。

代表性寺院
京都・廣隆寺
奈良・中宮寺

小知識

半跏思惟的彌勒菩薩像為古老形態的彌勒菩薩

平安時代以後，便逐漸不再製作這類半跏思惟的彌勒菩薩像。取而代之的是立像或坐像，並呈現將寶塔置於手掌中的形象。

佛像見聞錄

可以膜拜這尊佛像的寺院！

國寶

名　稱：**木造彌勒菩薩半跏像**
寺院名：蜂岡山廣隆寺
所在地：京都府京都市右京區太秦蜂岡町32

京都廣隆寺的彌勒菩薩半跏像，與奈良中宮寺的菩薩半跏像（傳如意輪觀音），皆呈現相同的姿勢，兩者均廣為人知。

分辨重點Point

最著名、也是第一個登錄為國寶的京都廣隆寺，以及奈良中宮寺的彌勒菩薩，呈現坐在椅子上沉思的姿勢，此為正在思考如何拯救蒼生之姿。菩薩的形象為頭戴寶冠、手執持物。

半跏思惟像

思考如何拯救蒼生的溫和表情

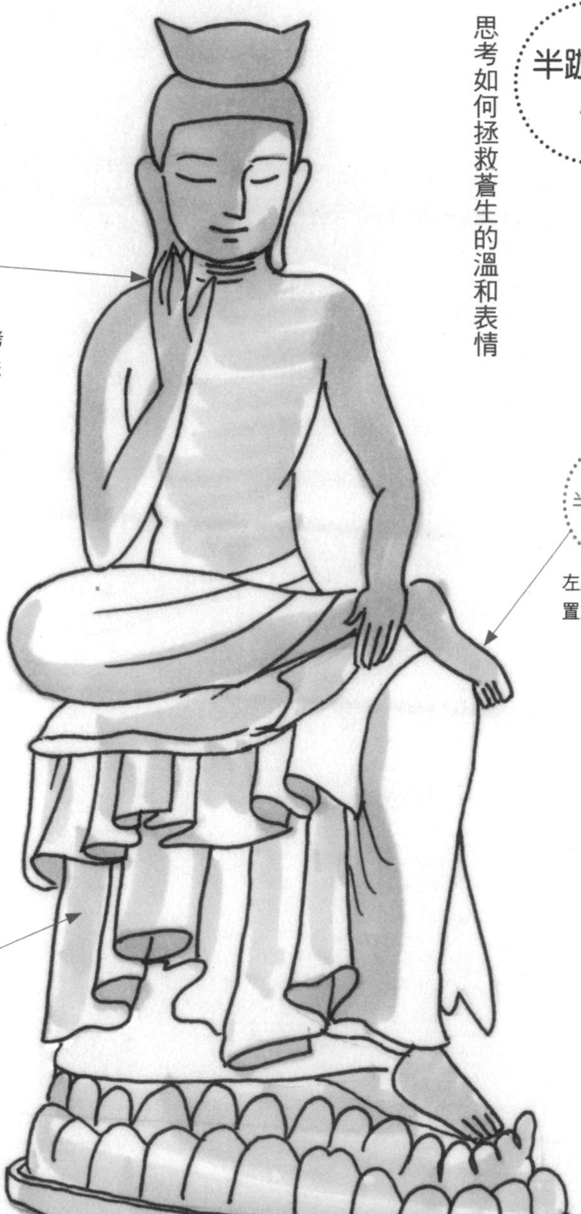

思惟之形

手托臉頰，思考拯救眾生的方法

半跏踏下座

左腳垂下，右腳置於膝上的姿勢

裳懸座

衣服下擺如波浪般垂下的台座

出家前原為王子的釋迦牟尼樣貌

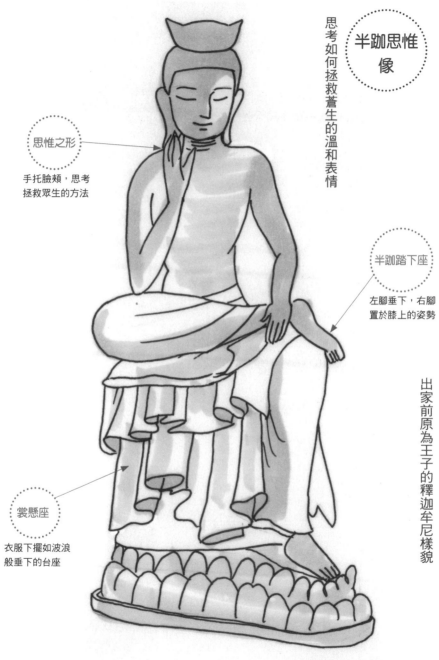

8

文殊菩薩

騎乘於獅子背上　掌管領悟真理的智慧

象徵佛陀智慧的菩薩，以「集合三人便具備文殊的智慧（三個臭皮匠勝過一個諸葛亮）」的諺語而廣為人知。文殊這個菩薩名，是由梵語Mañjuśrī的音譯「文殊師利」簡化而來。據說文殊在古印度真有其人，當時有一位學識過人、名叫維摩的在家佛教居士，只有文殊才能和他對答如流。

文殊菩薩像多半以左手持經書，右手提寶劍，騎乘於獅子背上；和騎乘大象的普賢菩薩同為釋迦脅侍，常以三尊像的型態出現。文殊菩薩手中的寶劍，為斬斷錯誤想法的智慧利劍。

佛像見聞錄

可以膜拜這尊佛像的寺院！

國寶
名　稱：**渡海文殊**
寺院名：安倍山安倍文殊院
所在地：奈良縣櫻井市阿部645

名　稱：**文殊菩薩**
寺院名：大智山覺母院文殊寺
所在地：埼玉縣熊谷市野原622

安倍文殊院的文殊菩薩，是佛師界兩大巨匠之一・快慶的作品，也是日本最大型的文殊菩薩。

代表性寺院
京都・西大寺
奈良・安倍文殊院

小知識　文殊的智慧

利益為祈求考運亨通

文殊菩薩擁有從客觀角度判斷事物的智慧。祂不僅是參加各種考試或證照時的最佳良伴，對於提升課業成績、祈求考運亨通等學問相關內容也有所助益，同時也是卯年的守護本尊。

分辨重點Point

文殊菩薩像的樣式五花八門，除了沒有騎乘獅子台座的佛像之外，也有將頭髮盤成多個髮髻的造型。密教中有祈禱特定利益的咒語，其數量恰好和文殊菩薩的髮髻相同；試著計算髮髻數量，倒也不失為一種樂趣。

髮髻數量代表
不同的願望
斬斷錯誤
想法的智慧
寶劍！
身穿釋迦仍是王子時的衣服及飾品
象徵智慧的
卷軸！
文殊菩薩的特色在於整體樣貌
比其他佛陀可愛許多
獅子台
座
騎乘藍色獅子，獅
子呈現智慧過人的
樣貌

9

普賢菩薩

雙手合十坐在大象背上 表示佛陀的執行力

與文殊菩薩同為釋迦如來的脅侍，大部分的普賢菩薩像都呈現雙手合十、騎在大象背上的形象。相較於象徵佛陀之「智」的文殊，普賢所掌管的是「行」的一面，象徵佛陀的執行力；兩尊菩薩合為一體，以協助佛陀的教化與濟度。

普賢的梵語名為Samantabhadra，意為「普賢行願之人」，用來展現於各處現身的賢者功德。諸如「禮敬諸佛」、「稱讚如來」、「懺悔業障」、「常隨佛學」等普賢所發下的十大行願，均視為菩薩透過修行後應具備的功德象徵。

佛像見聞錄

可以膜拜這尊佛像的寺院！

國寶

名　稱：**普賢菩薩騎象像**

寺院名：大倉集古館

所在地：東京都港區虎之門2-10-3（目前因設施改建工程而休館，預計2019年初完工）

大倉集古館為明治・大正時期的實業家大倉喜八郎所設立，主要用來收藏・展示收集而來的古美術品，為日本首座私立美術館。

代表性寺院
京都・妙法院

小知識

普賢延命菩薩

可以保佑延命長壽！

據說普賢菩薩具備延命長壽的功德。佛像的手以臂為單位，亦有多至二十臂的普賢延命菩薩。普賢菩薩也是辰年・巳年的守護本尊。

分辨重點Point

通常以坐在白象台座的形象呈現，此外也有將大象描繪於台座上的坐像。具有六根象牙的白象，分別代表眼・耳・鼻・舌・身・意，亦即人類身心的意思。

寶髻
有時也會頭戴寶冠
溫柔的表情！
使人感到安心的合掌印
美麗的蓮花座
坐在白象背上！

也有名為稚兒普賢的可愛畫像

以女性篤信的佛陀著稱

10

虛空藏菩薩

弘法大師也皈依門下
兼具智慧與福德的菩薩

正如其名，祂具備如虛空般浩瀚無垠的智慧與功德，為成就眾生諸願的菩薩。以父母帶著年滿13歲的孩子，進行所謂「十三參」的參拜儀式為首，虛空藏菩薩做為智慧與福德的佛陀，廣受世人的崇拜和歡迎。

密教將祂視為增強記憶力的「虛空藏求聞持法」之本尊。相傳在奈良時代後期，空海（弘法大師）於四國的室戶岬進行虛空藏求聞持法修行，以期背誦佛陀的所有教誨。後來虛空藏菩薩化為一顆明星飛入其口中，使得空海因此學會此法。

代表性寺院
京都・廣隆寺
京都・法輪寺

小知識

記憶力達人！「虛空藏求聞持法」的方法

首先描繪出一輪滿月，於蓮花台結迦趺坐，金色身體的虛空藏菩薩描繪於其中，使右手結與願印。將其置於室內，備齊供品，口中默念百萬次「om bazara aratanno om taraku sowaka」，便能獲得超人般的記憶力；此外，虛空藏菩薩也是丑年．寅年的守護本尊。

※重文：重要文化遺產的簡稱

佛像見聞錄

可以膜拜這尊佛像的寺院！

名　稱：**虛空藏菩薩坐像**（重文）
寺院名：東大寺
所在地：奈良縣奈良市雜司町406-1

東大寺的虛空藏菩薩為盧舍那佛的脅侍，與右側的如意輪觀音菩薩坐像合為三尊。

此外，京都的嵐山法輪寺，到了春秋之際，都會舉辦向年滿13歲的孩童賜予智慧的十三參儀式。

分辨重點 Point

據說空海連續100天默念真言咒語，明星便是在唸完咒語之際飛入他的口中。

om bazara aratanno
om taraku sowaka
明星飛入口中ー！

五佛冠
附有佛陀化為5尊佛陀（化佛）的頭冠
手持裝有如意寶珠的蓮花
美麗的蓮花台座

11 勢至菩薩

與觀音菩薩成對，擔任阿彌陀如來的脅侍

勢至菩薩被單獨供奉的情況極為罕見，大多都和觀音菩薩成對，擔任阿彌陀如來的脅侍。

勢至之名是從「獲得極大勢力之人」的梵語Mahāsthāmaprāpta翻譯而來，也能以大勢至或得大勢稱之。觀音菩薩代表阿彌陀如來的慈悲，與此相對，勢至菩薩則為智慧的象徵，兩尊菩薩的佛像十分相似。

一般而言，阿彌陀三尊的右側（觀賞者的左邊）為勢至菩薩，左側則是觀音菩薩；我們也可透過頭頂寶冠前方的裝飾來區分，觀音菩薩以化佛、勢至菩薩以水瓶來裝飾。

代表性寺院
京都・三千院
京都・仁和寺

小知識

樸素的佛陀 以脅侍的身分活躍

勢至菩薩為午年的守護本尊。幾乎找不到單獨供奉的勢至菩薩，而多為阿彌陀三尊的脅侍。

佛像見聞錄 可以膜拜這尊佛像的寺院！

國寶

名　稱：**一光三尊阿彌陀如來脅侍勢至菩薩**

寺院名：善光寺

所在地：長野縣長野市元善町491

善光寺式阿彌陀三尊採用的是1片船形大光背，也就是所謂「一光三尊」的形式；鎌倉時代以後，這類仿效信州善光寺的佛像製作開始在日本各地盛行。

分辨重點Point

外觀和觀音菩薩相去無幾，唯一的差異在於勢至菩薩的寶冠上的裝飾為水瓶，瓶中裝有智慧之水。

居住在西方極樂淨土

12

觀音菩薩（聖觀音）

形態變幻無常，對世人施以慈悲憐憫

觀音菩薩可說是眾多菩薩當中最受日本人景仰的菩薩，正式名稱為觀世音菩薩或觀自在菩薩，最廣為人知的稱呼為「觀音大人」，自中世紀便開始廣受世人信仰。

祂不僅是以大慈大悲胸襟拯救世人的菩薩，也是佛教慈悲精神的象徵，同時還能化身為佛、僧人、婦女、童子、龍、夜叉等三十三身的不同樣貌。除了「聖觀音」的原貌外，祂也會變化為千手觀音、馬頭觀音、十一面觀音、准胝觀音（或不空羂索觀音）、如意輪觀音，以拯救六道輪迴中受苦的眾生。

※重文：重要文化遺產的簡稱

佛像見聞錄

可以膜拜這尊佛像的寺院！

名　稱：**聖觀音菩薩立像** 重文

寺院名：吉祥陀羅尼山藥樹王院 瀧山寺

所在地：愛知縣岡崎市瀧町山籠107

此為運慶、湛慶父子的作品。運慶所打造的金剛力士像總是給人強健有力、肌肉發達的刻板印象，然而這座聖觀音菩薩立像卻是以充滿女性優雅迷人的姿態著稱。

代表性寺院

岩手・天台寺
鎌倉・東慶寺

小知識

向各地建造的巨大觀音像祈願

世人於現世受觀音菩薩恩惠，即為「現世利益」。由於觀音菩薩時時守護眾生，因此絕不會錯過任何呼喚觀音的聲音，是願意傾聽所有願望的偉大佛陀。時至今日，各地均有建造高度十公尺以上的大型觀音像。

分辨重點 Point

頭頂釋迦如來的化佛，做為觀音菩薩的象徵。可以任意化身為33種形象或千手觀音、馬頭觀音、十一面觀音等。當看見這些佛像時，猜猜這尊佛像是否觀音的化身，也算得上是觀賞時的一大樂趣。

跨越性別的存在

形態可說千變萬化

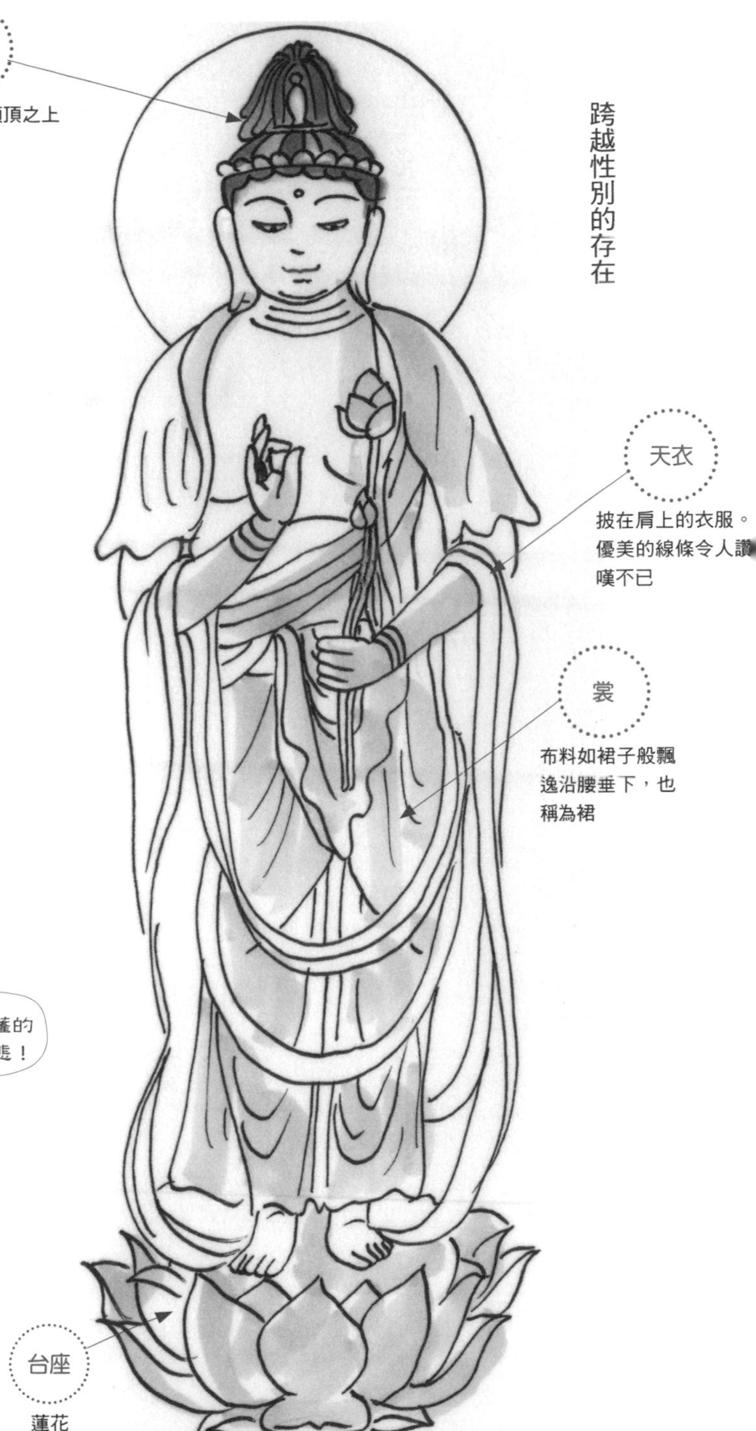
寶髻
頭髮整齊盤於頭頂之上
天衣
披在肩上的衣服。優美的線條令人讚嘆不已
裳
布料如裙子般飄逸沿腰垂下，也稱為裙
台座
蓮花

觀音菩薩的
基本形態！

13

日光菩薩 月光菩薩

如日月般，以光明驅走黑暗

日光菩薩又稱日光遍照菩薩，月光菩薩又稱月光遍照菩薩。日光菩薩以陽光、月光菩薩以月光遍照人間，兩者均為具有照亮黑暗之德的菩薩，相傳祂們皆居住於藥師如來的淨土，亦即淨瑠璃世界當中。

通常兩尊菩薩不會單獨受到供奉，而是擔任藥師如來的脅侍。日光菩薩像與月光菩薩像，分別手持上有日輪（太陽）及月輪（月亮）的蓮花，不過也有赤手空拳的佛像，比方廣為人知的奈良藥師寺金堂藥師三尊，其中的日光・月光菩薩像手上便空無一物。

佛像見聞錄

可以膜拜這尊佛像的寺院！

國寶

名　稱：東大寺**「傳・日光菩薩立像」・「傳・月光菩薩立像」**

寺院名：東大寺博物館

所在地：奈良縣奈良市水門町100

於東大寺南大門旁的東大寺博物館展出。兩座佛像之所以名字前面帶著「傳」字，是因為其姿態近似梵天・帝釋天像，因此有人認為祂們原本是梵天及帝釋天。

代表性寺院

奈良・藥師寺

奈良・興福寺東金堂

滋賀・願龍寺

小知識

奉為藥師如來的脅侍

藥師三尊中的日光菩薩侍立於藥師如來左方（觀賞者的右邊），月光菩薩則侍立於右方。

分辨重點 Point

一般認為，日照・月照是醫王藥師如來的兒子，除了擁有和藹的表情之外，也往往像雙胞胎一樣成對出現。

月光菩薩
日光菩薩
月輪
充滿慈悲胸懷的月光
日輪
照亮煩惱與黑暗的太陽
天衣
衣服線條優美，懸垂下來的衣角也十分引人注目
蓮台
蓮花形狀
勻稱的姿勢左右對稱！

14

十一面觀音菩薩

代表性寺院
滋賀・向源寺
京都・大御堂觀音寺
長野・牛伏寺

從各方面消除世人的憂慮、煩惱和苦難

六觀音之一，是以十一種面貌呈現觀音多項能力的菩薩。世人相信豐富面貌代表祂會從各方面救濟眾生，排除憂慮、煩惱、病苦等各種困難。

除了包括原貌的十一面，和原貌加上十一面的佛像之外，也有不足十一面的佛像存在。一般而言，十一面分別為正面的三面呈現慈悲平和表情的菩薩相、右三面擺出憤怒表情的瞋怒相、左三面露出牙齒的白牙上出相（狗牙上出面）、後方一面哈哈大笑的大笑相，以及頭頂一面呈現如來面孔的如來相（佛面）。

小知識

環顧360度
救濟遍布四面八方

臉部朝向四面八方以拯救蒼生，不僅能聆聽眾人的話語，也教授生存之道。女人高野・室生寺的觀音像，即以圓潤可愛的表情為特徵，傾聽多數女性的願望和煩惱。

※重文：重要文化遺產的簡稱

佛像見聞錄

可以膜拜這尊佛像的寺院！

國寶
名　稱：**十一面觀音立像**
寺院名：法華寺
所在地：奈良縣奈良市法華寺町882

可以膜拜這尊佛像的地點！

重文
名　稱：**十一面觀音立像**
寺院名：奈良國立博物館
所在地：奈良縣奈良市登大路町50番地

奈良國立博物館位於奈良公園內，附近有東大寺、興福寺、春日大社等許多景點。

分辨重點 Point

十一面觀音菩薩身上佩戴光彩奪目、名為瓔珞的飾品，也有將法輪掛在肚臍周圍的十一面觀音菩薩。找出各種不同的飾品，也不失為一種有趣的觀賞方式，試著分別觀察這十一張臉，探尋觀音的各種不同豐富表情吧。

十一面
最上方的大臉為如來，其餘皆為菩薩，菩薩或笑或怒，表情可說五花八門
也有右手拿著錫杖的觀音
蓮花花苞和綻放之花
花苞代表擁有佛心卻尚未開悟得道的狀態，花朵綻放象徵潔白無瑕的佛心，放入同一水瓶內則代表兩者毫無二致
水瓶裝著能夠長生不老的甘露水
蓮台
蓮花形狀

15

千手觀音

擁有千手千眼，拯救水火中的世人

正式名稱為千手千眼觀自在（觀世音）菩薩。觀音菩薩為了拯救芸芸眾生，發願成為擁有千手千眼的變化觀音，其形象正象徵著觀音的慈悲救濟無限廣大，亦稱千眼千臂觀世音菩薩。

一般而言，千手觀音像除了合掌的兩隻手臂之外，其餘還有四十隻手臂，據說每隻手臂皆具有拯救眾生於二十五有世界不斷輪迴的用途。

平安時代，後白河法皇創建的蓮華王院本堂中設置的千手觀音像相當有名，現則以京都三十三間堂之名廣為人知。

代表性寺院
滋賀・比叡山延曆寺
滋賀・千光寺

小知識

果真有千隻手？

和坐禪時的手勢相同

事實上，擁有千隻手臂的千手觀音像非常少見，大多數皆為兩隻真手（主體手臂）搭配40隻脇手（腋下周圍的手臂）的佛像；由此可見，裝上千隻手臂是多麼困難的一件事，仔細數數佛像的手臂共有幾隻吧！千手觀音也是子年的守護本尊。

佛像見聞錄

可以膜拜這尊佛像的寺院！

國寶 名稱：三十三間堂「千手觀音坐像」

重文 名稱：三十三間堂「千手觀音立像」

寺院名：蓮華王院

所在地：京都市東山區三十三間堂迴町657

由於一千隻手臂會分別化身為33尊佛陀，因此傳說「三十三間堂的佛像數量共有三萬三千三十三座」。

※重文：重要文化遺產的簡稱

分辨重點 Point

注意千手觀音的持物！試著仔細觀察每隻手裡拿著什麼物品，比如寶塔……等。

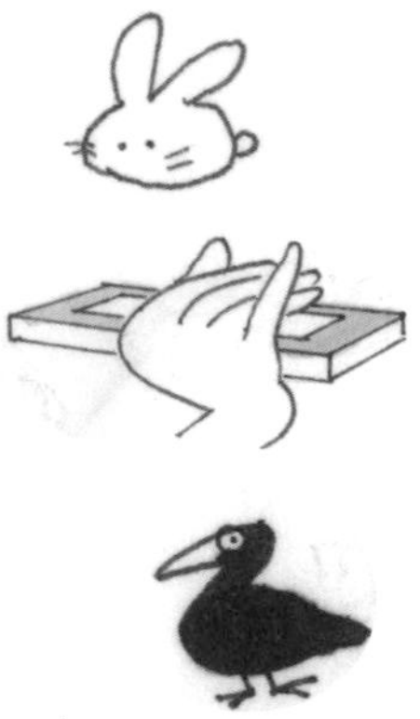

十一面
捧著眼睛的手
千隻手臂的掌心皆有一隻眼睛，能看見人們心中所願並加以實現
千手觀音帶來無窮的庇佑！
解決當下的煩惱、指點迷津
台座
蓮花

16

不空羂索觀音

用手上的繩索救濟煩惱受苦的眾生

不空為「誓願不會落空」之意，羂索原為捕捉鳥獸的「陷阱」，但到了觀音或不動明王的手上，就成了拯救蒼生的繩索。

據說皈依不空羂索觀音的人，在祂的廣大功德之下，可於現世遠離疾病、水災和火災等二十種災難，還能在臨終之際獲得八種恩澤。

額頭有第三隻眼、擁有八隻手臂的佛像較為常見，手上除了羂索外，還會執蓮花和錫杖，頭戴寶冠。奈良東大寺法華堂（三月堂）的不空羂索觀音像，為天平美術的傑作。

代表性寺院
奈良・興福寺
京都・廣隆寺

小知識

以羂索消滅所有惡業！

手持拯救眾生的繩索

密教特有的多臂佛陀。手持象徵拯救世人、意為繩索或網子的羂索，驅除外敵和疾病。

佛像見聞錄

可以膜拜這尊佛像的寺院！

國寶
名　稱：法華堂（三月堂）「**乾漆不空羂索觀音立像**」
寺院名：東大寺
所在地：奈良縣奈良市雜司町406

東大寺法華堂又名「三月堂」，是一個略為偏僻的隱藏景點。東大寺於奈良時代建造，它不僅是一座少數維持奈良時代建築樣式的建築物，更被登錄為國寶。佛像之外，建築物本身也充滿魅力。

分辨重點 Point

東大寺的不空羂索觀音，光背呈現放射狀的光芒，設計相當罕見，各位千萬不可錯過！此外，寶冠上鑲著珍珠及水晶等寶石，是座耀眼又不失莊嚴的觀音像。

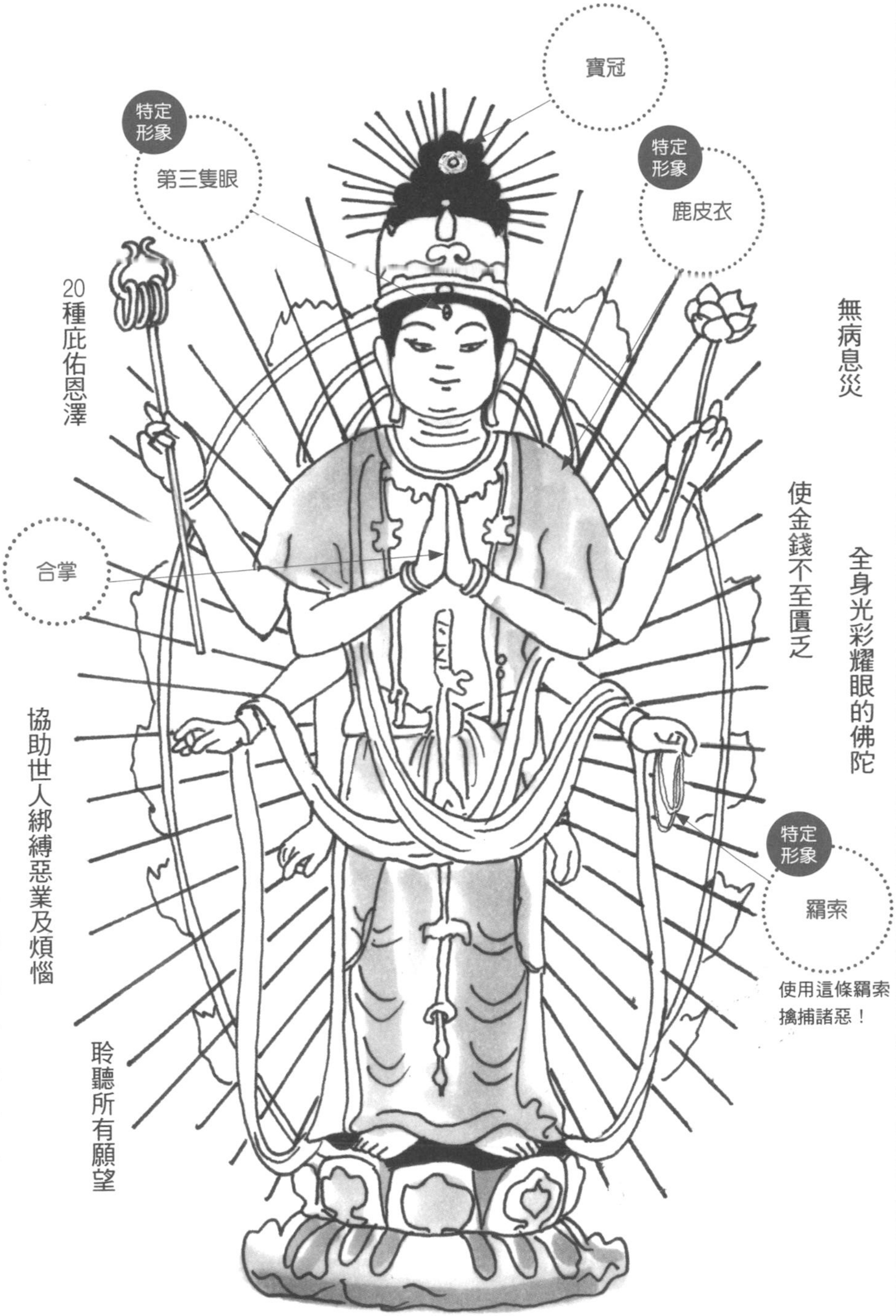
寶冠
特定形象
第三隻眼
特定形象
鹿皮衣
20種庇佑恩澤
無病息災
使金錢不至匱乏
全身光彩耀眼的佛陀
合掌
協助世人綁縛惡業及煩惱
特定形象
羂索
使用這條羂索擒捕諸惡！
聆聽所有願望

17 如意輪觀音

手執實現所有願望的寶珠 具有廣大福德的觀音

世人相信，這尊手持如意寶珠和法輪的觀音，具備富貴資財、福德增生、消除業障的功德。如意寶珠是一種能夠任意變出珍寶，實現所有願望的神奇寶珠，它象徵佛陀的功德無量，手持如意寶珠的如意輪觀音，也因此得以成就世人一切願望。打破煩惱的法輪，是借用車輪或古印度的武器，表示佛法不斷於世間流傳，堪稱是佛的象徵。

如意輪觀音像多為六隻手臂、右腳彎曲豎立、呈現手托臉頰的思惟坐姿。

佛像見聞錄

可以膜拜這尊佛像的寺院！

國寶

名　稱：**木造如意輪觀音坐像**

寺院名：室生寺

所在地：和歌山縣宇陀市室生78

觀心寺（大阪府河內長野市）・神咒寺（兵庫縣西宮市）的如意輪觀音，均為日本三大如意輪觀音其中之一（另一尊位於奈良縣宇陀市的室生寺）。

代表性寺院

滋賀・園城寺（三井寺）
京都・醍醐寺
奈良・國立博物館

小知識

透過如意寶珠和法輪成就願望・獲得各式各樣的財產

寶珠和法輪皆屬於持物的一種。如意輪觀音透過寶珠，賜予行者無限的財產，這裡所說的財產不單指金銀財寶，像福德智慧這類看穿世俗的能力，也是一種財產。多呈現女性化的形象，其溫柔表情能讓心情隨之平靜下來。

分辨重點Point

六隻手臂均有各自的形態，法輪立於上手指尖，令人不禁好奇是如何不掉落地立在上頭。

有時也會
頭戴寶冠
盤上頭頂的
優美髮型
天冠台
戴在頭上的環
如意寶珠
實現所有願
望的寶珠
法輪
參考P14
輪王坐
右腳彎曲直立，
與左腳腳底貼合
的姿勢
台座
蓮花

18

地藏菩薩

以「地藏」之名受人景仰呈現行腳僧形象的菩薩

地藏菩薩以「地藏」之名深受民眾熟悉喜愛，是一尊相當受到景仰的菩薩。不僅寺院堂內，甚至在路邊也供奉著子安地藏或六地藏的石像，地藏菩薩可以說廣泛地融入人們生活當中。

地藏菩薩曾發願從釋迦牟尼入滅，到彌勒菩薩現身於人世間的五十六億七千萬年間，都要賜福並解除六道眾生的苦難，在民間信仰中，更被奉為守護孩童成長的菩薩。地藏菩薩像是以剃髮、左手持寶珠、右手持錫杖的樣貌呈現，為周遊各國修行的僧侶形象。

佛像見聞錄

可以膜拜這尊佛像的寺院！

國寶

名　稱：**木造地藏菩薩立像**

寺院名：法隆寺大寶藏院

所在地：奈良縣生駒郡斑鳩町法隆寺山內1-1

一提到地藏就不禁聯想到無處不在的石造佛像。法隆寺的地藏菩薩立像不僅是國寶，更以榧樹為材料，採用一木造（以一根木頭雕刻而成）工法製作而成，佛像高度有172cm，為平安時代的作品。

代表性寺院

滋賀・聖眾來迎寺

滋賀・永昌寺

小知識

十分平易近人的菩薩
供奉於大街小巷邊

於地獄拯救萬民於水深火熱當中，一根錫杖在手便能走遍各地。舉凡縛地藏、笠地藏、子安地藏、化妝地藏、洗眼地藏、鹽地藏、拔刺地藏等，隨處可見受人供奉的地藏。這些擁有不同面貌的地藏，正是人們生活的精神支柱。

分辨重點Point

地藏以修行中的僧侶形象走訪全國，因此佛像幾乎都是立像。

在日常生活中以各種樣貌供人祈禱

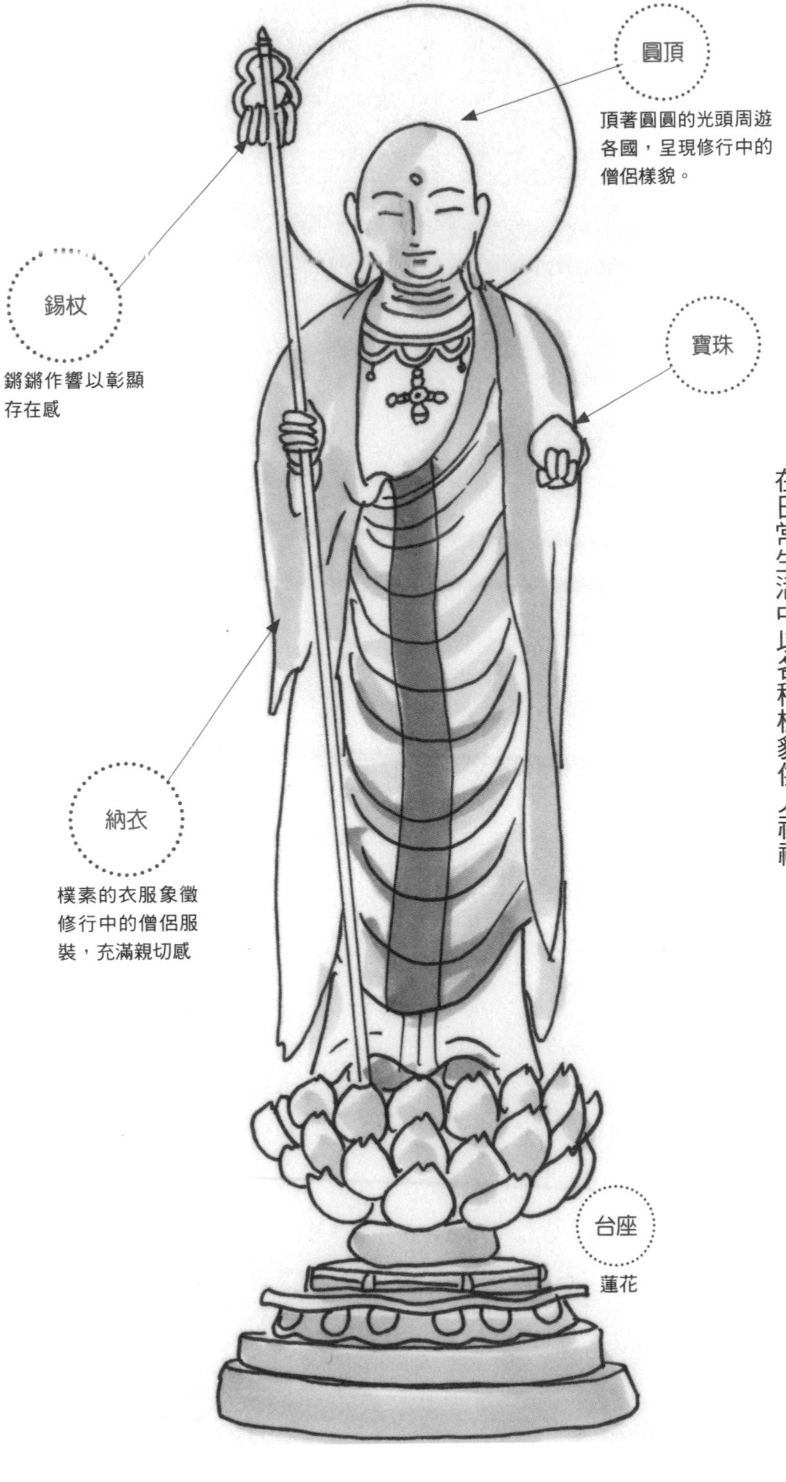
圓頂
頂著圓圓的光頭周遊各國，呈現修行中的僧侶樣貌。
錫杖
鏘鏘作響以彰顯存在感
寶珠
納衣
樸素的衣服象徵修行中的僧侶服裝，充滿親切感
台座
蓮花

也有外觀如孩童般可愛的地藏

19

准胝觀音

弘法大師也曾祭祀尊名帶有「清淨」含義的觀音

為六觀音之一，相傳祂能實現消災、除病、延命、賜子、安產等願望。

准胝兩字為梵語「Cundi」音譯而來，為「清淨」的意思，祂還有七俱胝佛母、准胝佛母等別名；有些宗派將其視為佛母，而非觀音。胎藏界曼荼羅中，產生諸佛的遍知院裡即繪有祂的形象。

准胝觀音多半做為六觀音之一，不會單獨受到供奉，其形象是以一面三眼十八臂來表示。據說高野山金剛峯寺的准胝觀音，是在空海進行得度（剃度）儀式時所製作，用來做為該寺的本尊。

佛像見聞錄

可以膜拜這尊佛像的寺院！

國寶

名　稱：醍醐寺**「准胝觀世音菩薩」**

寺院名：真言宗醍醐派總本山醍醐寺

所在地：京都府京都市伏見區醍醐東大路町22

本尊「准胝觀世音菩薩」也是西國三十三觀音靈場的收發牌（於佛教靈場收發巡禮者證明參拜的牌子）處，開帳（打開佛龕或佛堂的門供信徒瞻仰的日子）時間為每年的5月18日，為期1週。

代表性寺院
京都・醍醐寺

小知識

何謂六道？

死後會投胎轉世到哪個世界？

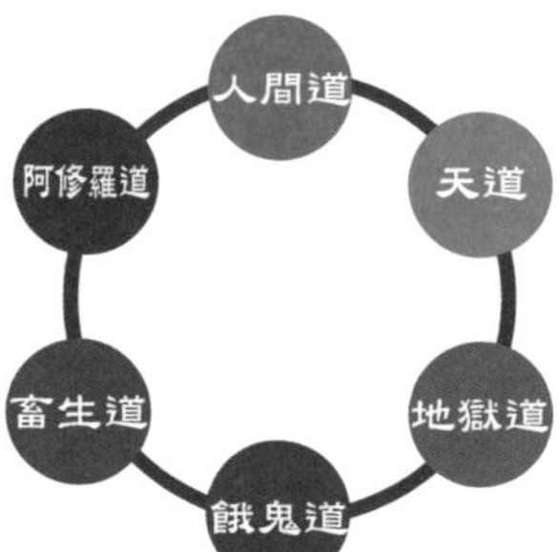

分辨重點 Point

除了多隻手臂很容易和「千手觀音」混淆之外，同時還具有第三隻眼。

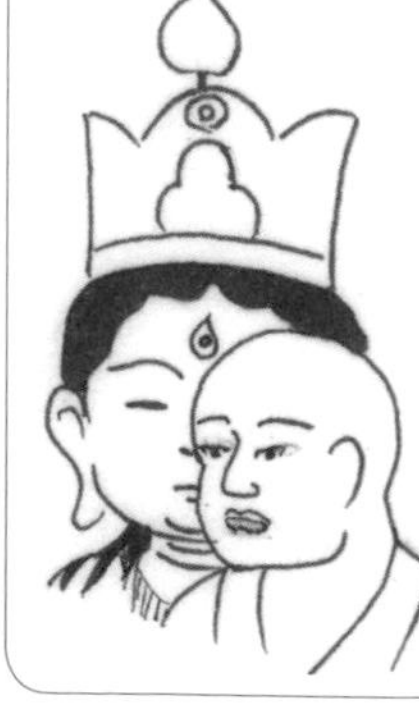

別和千手觀音混淆了唷！
第三隻眼
特徵為十八隻手臂

20

馬頭觀音

鮮少出現在觀音臉上的憤怒表情

這是一尊頭頂馬頭、呈現忿怒相的觀音菩薩，也有人以馬頭明王稱之。觀音本是慈悲為懷，但觀音之中只有馬頭觀音才會擺出這種怒髮衝冠、咬牙切齒、極其憤怒的表情。據說祂之所以呈現如此憤怒的表情，只是為了要消滅魔障及煩惱，以便拯救眾生。

在農耕或運輸方面相當仰賴馬匹的江戶時代，馬頭觀音做為馬匹的守護神，於民間受到廣大信仰，至今仍能在路邊看見祂的石像。撇開馬頭和憤怒表情這兩個特點，馬頭觀音也有一面二臂、三面二臂、三面六臂、三面八臂等各種不同形象。

代表性寺院
東京・淺草寺駒形堂
栃木・輪王寺三佛堂

小知識

也能祈求交通安全

將來會成為哪種守護神呢？

馬兒不受拘束自由奔馳，有如天馬自由自在地翱翔天際，象徵不斷地跨越障礙。這樣的形象隨著時代演變，使得馬頭觀音逐漸為交通安全、農耕、馬匹的守護神。

佛像見聞錄

可以膜拜這尊佛像的寺院！

重文
名　稱：**馬頭觀音立像**
寺院名：觀世音寺
所在地：福岡縣太宰府市觀世音寺五丁目6番1

以太宰府天滿宮而聞名的太宰府市內，還有一座在『源氏物語』中登場的觀世音寺，我們也能在這裡見到馬頭觀音立像、大黑天立像等許多被登錄為重要文化遺產的佛像。

※重文：重要文化遺產的簡稱

分辨重點 Point

馬頭觀音也是祭祀馬匹的佛陀，因此也被供奉在賽馬場附近，以便祭祀賽馬比賽中不幸死亡的馬匹。不僅如此，祂也是守護動物的觀音，若家中寵物不幸死亡，我們也可以前去參拜馬頭觀世音菩薩為它祈禱。

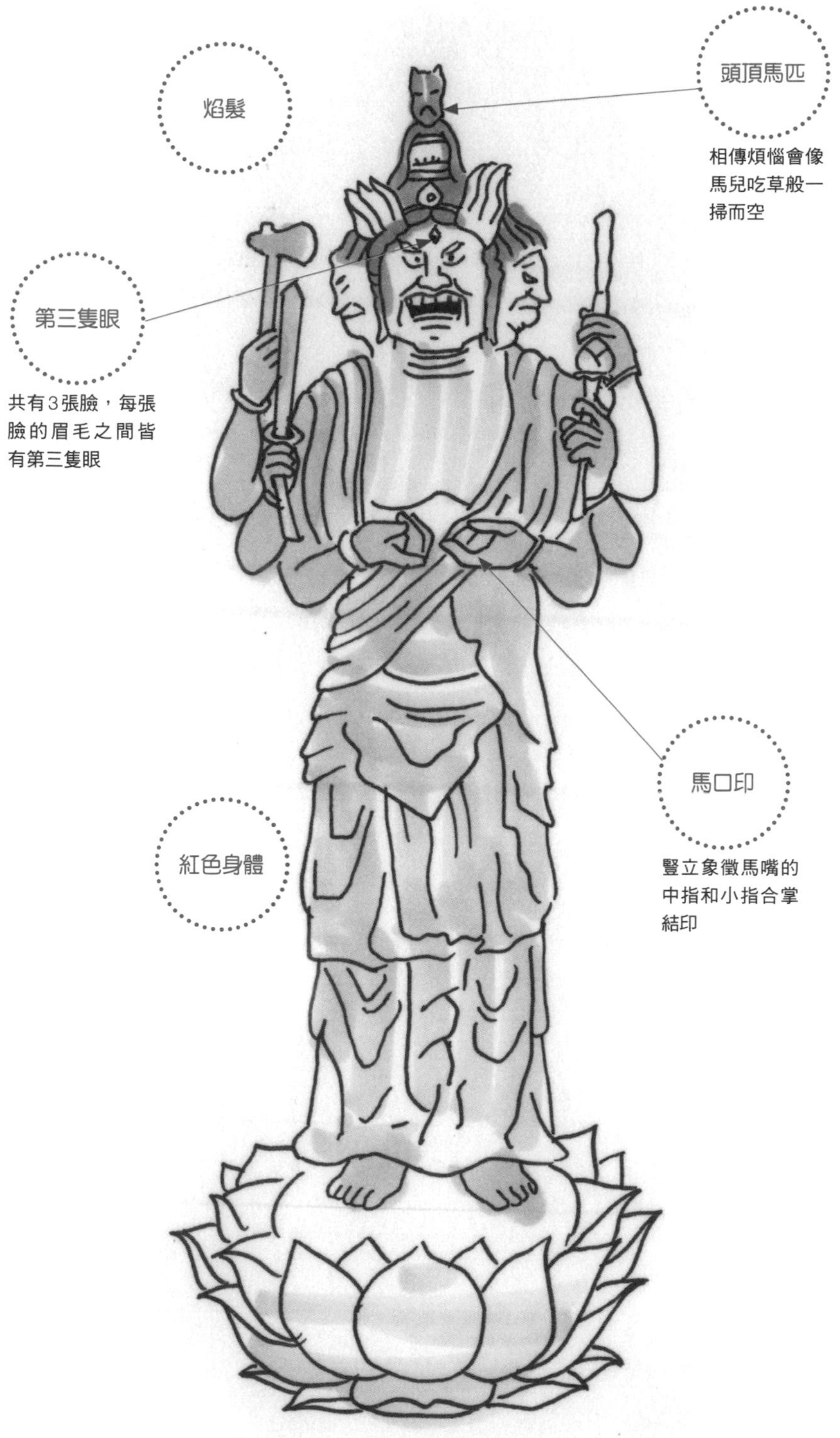
頭頂馬匹
相傳煩惱會像馬兒吃草般一掃而空
焰髮
第三隻眼
共有3張臉，每張臉的眉毛之間皆有第三隻眼
馬口印
豎立象徵馬嘴的中指和小指合掌結印
紅色身體

21

三十三觀音

白衣觀音、魚籃觀音等三十三種變化豐富的觀音樣貌

根據『法華經』之觀世音菩薩普門品（觀音經）的描述，觀音菩薩為了拯救眾生，會隨著不同情況而化身為佛、比丘、比丘尼、長者等三十三種樣貌。三十三觀音則是從這三十三身的相關性，匯整為楊柳觀音、白衣觀音、魚籃觀音等三十三尊觀音。

手持柳枝的楊柳觀音能治癒病症；手捧魚籃的魚籃觀音能保護人們不受惡鬼侵害。白衣觀音為女性的溫柔姿態，時常以雕像及畫作方式呈現。以巨像聞名的群馬縣高崎市的觀音山大觀音像，以及神奈川鎌倉市的大船觀音寺胸像，也都是白衣觀音。

明王

明王的特徵

以忿怒相受到供奉的諸尊

打破愚昧黑暗，降伏妖魔鬼怪

明王是受密教教主大日如來之命，負責破除魔障、護持佛法的諸尊。

明王的明為掌管打破愚昧智慧黑暗的光明，也就是明咒的意思。密教中是從具有真理含義的梵語 vidyā-rāja 翻譯而來，稱之為真言、明咒、密咒、陀羅尼，因此明王在具有真理含義的真言當中，代表最出類拔萃之人，簡言之就是「真言之王」。

明王的諸尊除了降伏妖魔之外，還致力於廣布真言，使尚未跟隨佛陀的眾生皈依佛陀，因此才會出現如不動明王或降三世明王等背後有熊熊燃燒的火焰，手執武器、以及名為「忿怒相」的憤怒表情。

安置五大明王的五大堂

明王的諸尊，包括不動明王、降三世明王、軍荼利明王、大威德明王、金剛夜叉明王，合稱五大明王；另外，台密（天台宗所傳之密教）是以烏樞沙摩明王來取代五大明王中的金剛夜叉明王。

五大堂是為了供奉五大明王為本尊而建造的佛堂，除了中央為不動明王，其餘四尊配置於四方的方式之外，也有在不動明王左右兩側分別設置兩尊明王的做法。以著名的宮城縣松島瑞巖寺五大堂為例，供奉位置分別是中央的不動明王、東方的降三世明王、南方的軍荼利明王、西方的大威德明王，以及北方的金剛夜叉明王。

八大菩薩的變現，八大明王

八大明王為掌管八方守護的八尊明王，是以五大明王為基礎，再加上烏樞沙摩明王、無能勝明王、馬頭明王三尊明王所組成。也有一說認為，八大明王為降三世明王（金剛手菩薩）、大威德明王（妙吉祥菩薩）、大笑明王（虛空藏菩薩）、大輪明王（慈氏菩薩）、馬頭明王（觀自在菩薩）、無能勝明王（地藏菩薩）、不動明王（除蓋障菩薩）、步擲明王（普賢菩薩），乃是八大菩薩變現轉化的八尊明王。

22 不動明王

令人畏懼的憤怒表情 降魔除厄的佛陀

真言密教的本尊大日如來，為了降妖伏魔、切斷煩惱、守護眾生，故而以憤怒的形象示人。右手執降魔劍、左手執羂索（繩子）、身後為火焰光背。如同尊名所示，無論發生任何事都不會動搖，保持不動如山之姿。

不動明王的臉部，有單眼半閉（或閉左眼、睜右眼）、上唇露出右下牙齒、下唇露出左上牙齒（或兩邊牙齒同往上或下露出）等特徵。雖然有著一副令人生畏的容貌，在消災解厄及心願成就方面卻深受民眾信賴，是一尊非常受到歡迎的佛陀。

※重文：重要文化遺產的簡稱

佛像見聞錄

可以膜拜這尊佛像的寺院！

名　稱：**木造不動明王**（重文）
寺院名：高幡山金剛寺
所在地：東京都日野市高幡733

重要文化遺產之一的木造不動明王像，侍立於左右兩側的分別是矜羯羅童子像及制吒迦童子像。

代表性寺院
滋賀・延曆寺　奈良・長谷寺
千葉・成田山新勝寺

小知識　圍著不動明王的五大明王

五大明王於堂內的位置關係

不動明王也是酉年的守護本尊。

西		北
大威德明王		金剛夜叉明王
	不動明王	
軍荼利明王		降三世明王
南		東
	參拜者	

分辨重點 Point

嘴角相當駭人，仔細一看可以發現牙齒分別朝上下露出，一隻眼睛呈現半閉狀態。除此之外，也有在胸口別上飾品的佛像，與菩薩的飾品不同，多為蛇或骷髏等讓人不寒而慄的裝飾。

火焰
背著燃燒熊熊大火的光背，據說能將煩惱燃燒殆盡
怒髮天
憤怒彷彿要衝上天際的倒豎髮型
忿怒面
有雙眼圓睜或右眼瞪天、左眼瞪地的佛像，任何事物都逃不過祂的雙眼
條帛
綁在身上的布

23

降三世明王

踩踏印度教諸神強力的明王

梵語的尊名為Trailokya-vijaya-rāja（三界的勝利者），為了降伏欲界、色界、無色界三界，抑或過去、現在、未來三世，或者貪瞋痴（貪欲、憤恨、愚蠢）三毒，故稱為「降三世」。

降三世明王像多半為三面八臂或四面八臂，擺在胸前的雙手結成特殊的「降三世印」，腳踩大自在天（印度教的濕婆神）及烏摩天妃（印度教的雪山神女），表示不遵從佛教的眾神都會加以降伏。

代表性寺院
京都・東寺

小知識

五大明王之一
守護東方

阿閦如來化身憤怒形象的明王，為五大明王之一，擁有降伏消滅惡德的強力咒語，將惡人趕盡殺絕，堪稱是佛界懲奸除惡的角色。

佛像見聞錄

可以膜拜這尊佛像的寺院！

國寶

名　稱：**降三世明王立像**
寺院名：東寺（教王護國寺）
所在地：京都市南區九條町1番地

東寺所供的五大明王像以大日如來為中心，形成守護五智如來的「立體曼陀羅」。

分辨重點 Point

除了結降三世印的雙手之外，其餘六隻手皆持有三叉戟、弓、羂索、箭、寶劍、金剛鈴等武器。

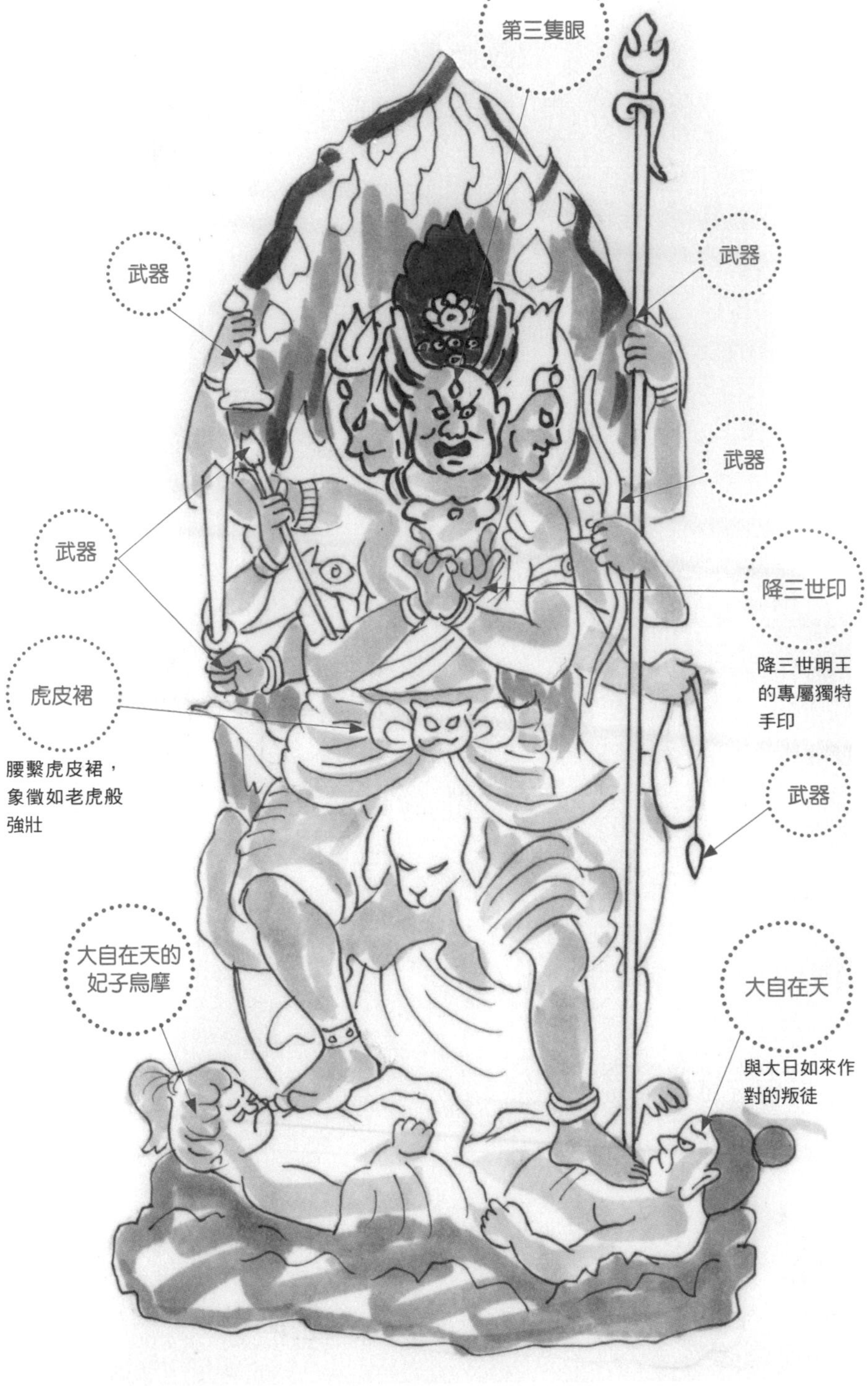
第三隻眼
武器
武器
武器
武器
降三世印
降三世明王
的專屬獨特
手印
虎皮裙
腰繫虎皮裙，
象徵如老虎般
強壯
武器
大自在天的
妃子烏摩
大自在天
與大日如來作
對的叛徒

24

軍荼利明王

毒蛇纏繞全身 消除看不見的厄運

軍荼利是從梵語Kuṇḍali音譯而來，意思為「裝有不死靈藥的甘露瓶」或「盤據骷髏的毒蛇」，又有甘露軍荼利之稱。祂也是寶生如來的化身。

軍荼利明王像的特徵在於手臂、手腕、胸口、腳踝等身體各部位均有毒蛇纏繞。一面三眼八臂的形象，加上憤怒的表情，以此降服各種惡鬼。據說祂能消除所有業障，包括眼睛看不見之物。雙手交叉於胸前，伸出食指、中指、無名指三根手指，手結名為大瞋印的特殊手印。

代表性寺院
京都・大覺寺

小知識

象徵四種煩惱的毒蛇

蛇是一種非常執著的生物

所謂的四種煩惱有：

①我痴：迷於自心、不辨真實。
②我見：只信己見、妄執自我。
③我慢：仗恃自矜、妄尊自大。
④我愛：耽於貪愛、無法割捨。

軍荼利明王肩負驅除這些煩惱的任務。

佛像見聞錄

可以膜拜這尊佛像的寺院！

重文 名　稱：**五大明王・軍荼利明王**
寺院名：真言宗大覺寺派大本山大覺寺
所在地：京都府京都市右京區嵯峨大澤町4

五大明王是指配置於中央的不動明王、東方的降三世明王、南方的軍荼利明王、西方的大威德明王，以及北方的金剛夜叉明王五尊明王。

※重文：重要文化遺產的簡稱

分辨重點Point

佛像上纏繞的毒蛇，代表強韌生命的意思，近來毒蛇更視為對財運有益之物，觀賞時不妨數數看佛像上纏有幾條蛇吧。

第三隻眼
蛇
三鈷印
大瞋印
以三鈷印交叉於胸前的手印，亦稱跋折羅印
蛇
蛇
台座
足踏分離的蓮花座

25 大威德明王

六隻腳騎乘在水牛背上 祈求勝利、調伏怨敵的明王

以憤怒表情、手執各種武器、頭掛骷髏項鏈的可怕形象示人，自古以來就奉為調伏怨敵、祈求勝利的明王，據說祂也是文殊菩薩的化身。

大威德明王像的最大特徵，在於祂擁有六隻腳，因此也稱為六足尊。加上臉和手也各有六個，呈現六面六臂六足的形象，每張臉的額頭上還有第三隻眼。除了用來結印的雙手之外，其餘手持戟、劍、寶棒、繩、弓、箭等武器，跨坐於水牛背上。

位於信州松本市的牛伏寺以除厄觀音聞名，這裡有一座平安時代流傳下來的大威德明王騎牛像。

佛像見聞錄

可以膜拜這尊佛像的寺院！

國寶

名　稱：**大威德明王像**

寺院名：石馬寺

所在地：滋賀縣東近江市五個莊石馬寺町823

石馬寺的雕像是以水牛右腳彎曲豎立的樣貌為特徵。

代表性寺院

京都・東寺

小知識

降伏一切

消滅絕對之惡的強大力量

五大明王之一，負責守護西方，如同其名般的威嚴和仁德，使祂具備降伏毒蛇及惡龍的能力。此外，祂也負責守護阿彌陀如來的智慧，剿滅所有擋在前方的敵人，因此做為祈求勝利的對象而受到世人尊敬。

分辨重點 Point

跨坐於水牛上乃是祂的最大特徵。六隻手分別修持布施、持戒、忍辱、精進、禪定、般若，誓言守護六波羅蜜，六隻腳則代表成就六種通力（通達無礙的能力）之意。水牛形象千奇百怪，也有單腳彎曲豎直欲站起的模樣。

六道・
六張臉
遍視地獄道、餓鬼道、畜生道、阿修羅道、人間道、天道等六道的臉
第三隻眼
6張臉的眉間均有第三隻眼
藍黑色
身體
瓔珞
以骷髏製作的胸飾
水牛形台座

騎乘在水牛身上，上山下海如履平地！

26

金剛夜叉明王

手執打破煩惱的金剛杵 懲奸除惡

根據梵語的尊名Vajra-yaksa而譯為金剛夜叉，相傳能夠降伏諸惡，因此世人將其奉為息災祈願的明王。vajra原為古印度的一種武器，佛教將它視為法具，於是便成了打破煩惱、發起菩提心的金剛杵；兩端均為單獨一根的樣式為獨鈷杵，三叉為三鈷杵、五叉則稱為五鈷杵。

金剛夜叉明王以三面六臂的形象示人，臉部呈現忿怒相，正面有五隻眼睛，右手執五鈷杵、箭、劍，左手執五鈷鈴（五鈷杵另一端為鈴的法具）、弓、法輪。

※重文：重要文化遺產的簡稱

佛像見聞錄

可以膜拜這尊佛像的寺院！

重文

名　稱：**五大明王・金剛夜叉明王立像**

寺院名：大覺寺

所在地：京都市右京區嵯峨大澤町4

大覺寺又稱嵯峨御所，這裡的本尊為五大明王，目前供奉在本堂五大堂內的五大明王像，乃是昭和時代的作品，平安時代的佛師明圓所製作的五大明王像則收藏在靈寶館。

代表性寺院
京都・東寺

小知識

五大明王之一 皈依佛教後成為善神

金剛夜叉明王原為吃人的凶暴鬼神，但在皈依佛教之後搖身一變，成為啃食惡人、守護善人的善神。金剛象徵如鑽石般堅硬、堅如磐石的佛陀智慧。

分辨重點 Point

金剛夜叉明王為五大明王之一，不會單獨受到供奉；只有五大明王才具備色彩鮮明的個人特色，試著比較這五尊明王也不失為一種樂趣。

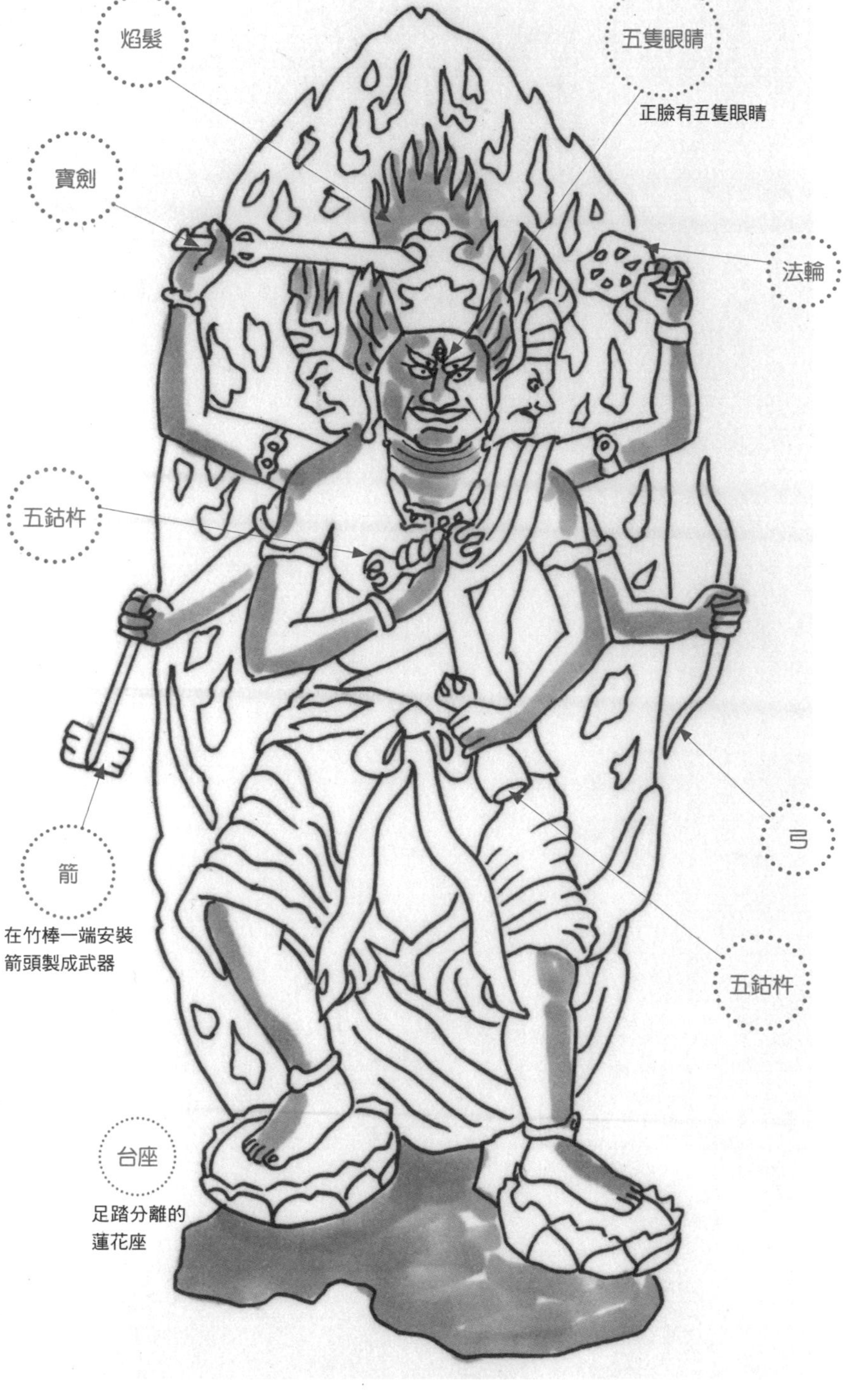
焰髮
五隻眼睛
正臉有五隻眼睛
寶劍
法輪
五鈷杵
弓
箭
在竹棒一端安裝
箭頭製成武器
五鈷杵
台座
足踏分離的
蓮花座

27

愛染明王

提倡煩惱即菩提
守護愛情、美貌、生意

尊名是從梵語名Rāgarāja（愛欲之王）意譯而來，為真言密教的明王，教喻世人原被認為是阻礙開悟之道的情慾、慾望、執著，事實上等同佛陀的慈悲心，為引導眾生修習菩提心的佛陀。

外觀多半呈現一面六臂、全身赤紅、額頭有第三隻眼，並以忿怒相示人，頭頂獅子頭冠，手執五鈷杵、五鈷鈴、弓、箭、蓮花。

最初傳入日本時，為息災、延命、福壽方面相當靈驗的明王，後來則奉為愛情、婚姻、美貌、生意興隆的佛陀。

代表性寺院
奈良・東大寺
京都・神護寺

小知識

從愛欲中覺悟的愛神

六隻手當中，左邊握拳的第三隻手，具有抓住一切夢想的含義，蓮花台座下還有一個據說能守護愛情的寶瓶；此外，愛染明王只有坐像，沒有立像。

佛像見聞錄

可以膜拜這尊佛像的寺院！

重文

名　稱：**愛染明王坐像**
寺院名：長等山園城寺（三井寺）
所在地：滋賀縣大津市園城寺町246

供奉於也做為西國觀音靈場收發牌處的三井寺觀音堂內，採用寄木造（相對於一木造，使用數根木材接合）工法製作，身體細長，並以淺薄的皺褶刻紋來呈現平靜感。

※重文：重要文化遺產的簡稱

分辨重點Point

愛染明王的赤紅色身體，象徵祂具備太陽般溫暖的慈悲心。

第三隻眼
獅子冠
勇猛的獅子頭為愛染明王的特徵之一，代表勇猛果敢、不屈不撓的力量
赤紅色身體
代表強烈愛欲的赤紅色身體，引導眾生從愛欲開悟成道
六臂
為了拯救地獄、餓鬼、畜生、阿修羅、人間、天等六道（參考P64）之人，因此擁有6隻手臂

28

孔雀明王

以優美柔和的形象示人，消滅諸毒及災禍

從棲息於印度的孔雀神轉化而來的佛陀，梵語中原指名為Mahāmayūrī-vidyā-rājñī（偉大的孔雀明妃）的女神，又稱摩訶摩瑜利或孔雀佛母。人們之所以崇拜孔雀，是因它既有優美的姿態，又能吃掉危害世人的毒蛇；除了蛇毒之外，人們也相信孔雀明王能消除所有毒害及災禍。

孔雀明王像最大的特色，在於祂騎在尾巴張開有如光背的孔雀背上。明王呈現名為慈愛相的溫柔表情，手執吉祥果及孔雀尾，而非武器。

佛像見聞錄

可以膜拜這尊佛像的寺院！

國寶 名　稱：**孔雀明王**
寺院名：正曆寺
所在地：奈良縣奈良市菩提山町157

正曆寺的本尊・藥師如來的脅像，呈現坐於台座、腳踏蓮花的形象，讓人耳目一新。這尊只有在特別公開的御開帳時才能見到的祕佛，絕對值得前往一探究竟。

代表性寺院
京都・仁和寺
和歌山・金剛峯寺

小知識

期待天降甘霖
也奉為祈雨之神

孔雀曾為招來雨水的吉祥鳥。祂也是唯一沒有憤怒表情的明王，呈現祥和的菩薩相，和女性的渾圓體態。

分辨重點Point

這尊女性明王身穿絲綢白衣，頭戴寶冠，以瓔珞、耳環、手鐲等各式各樣的飾品裝飾得美輪美奐。光背如孔雀開屏的形狀，呈現出彷彿用羽毛排列而成的優美造型。

慈愛相
充滿慈愛的菩薩形象，表情相當溫柔
吉祥果
吉祥果代表調伏（調和身心、伏妖降魔），孔雀的尾羽象徵息災
光背為孔雀羽毛
穿戴大量裝飾品
台座
於青蓮花或白蓮花的台座上結跏趺坐
祈雨咒語
Om mayura-krame svaha

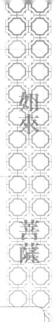

29

大元帥明王

以憤怒形象及祕法打擊敵人、保衛國家

除了太元帥明王之外，也可以省略帥字，寫成大元明王或太元明王。原為古印度鬼神，皈依佛教後成為明王。

日本在平安時代傳入之後，便將祂奉為保衛國家、降伏敵國的「大元帥法（通常帥字不發音）」本尊，於皇宮內受崇拜。相傳大元帥法在平定平將門之亂時也曾顯靈，具有排除諸惡、守護眾生的能力。

背後有火焰光背，呈現極為駭人的憤怒形象，有一面六臂、四面八臂、六面八臂等佛像流傳。

※重文：重要文化遺產的簡稱

佛像見聞錄

可以膜拜這尊佛像的寺院！

重文

名　稱：**木造大元帥明王立像**

寺院名：秋篠寺

所在地：奈良縣奈良市秋篠町757

被奉為皇宮御用的本尊，平時禁止一般民眾入內膜拜。一般認為除了秋篠寺之外，世上再也找不到第二尊大元帥明王像，一般民眾也只能在6月6日這天一睹祂的風采。

代表性寺院

京都・東寺（教王護國寺）

小知識

呈現恐怖樣貌的井水
大元帥法所使用的靈水

據說在秋篠寺傳授佛法的常曉律師，於寺院附近的井水中看見一尊神像，後來在入唐時才驚覺當時的尊像為大元帥明王。此井水稱為「大元帥尊像 御出影靈泉」，在6月6日大元帥明王像開帳時，會以靈水招待來訪的民眾。

分辨重點Point

特徵為令人毛骨悚然的臉，相傳有一名高僧看見浮現在井水上的大元帥明王後，便受其駭人樣貌驚嚇而當場昏厥，世間能有幾人可以在祂的面前保持鎮定呢？

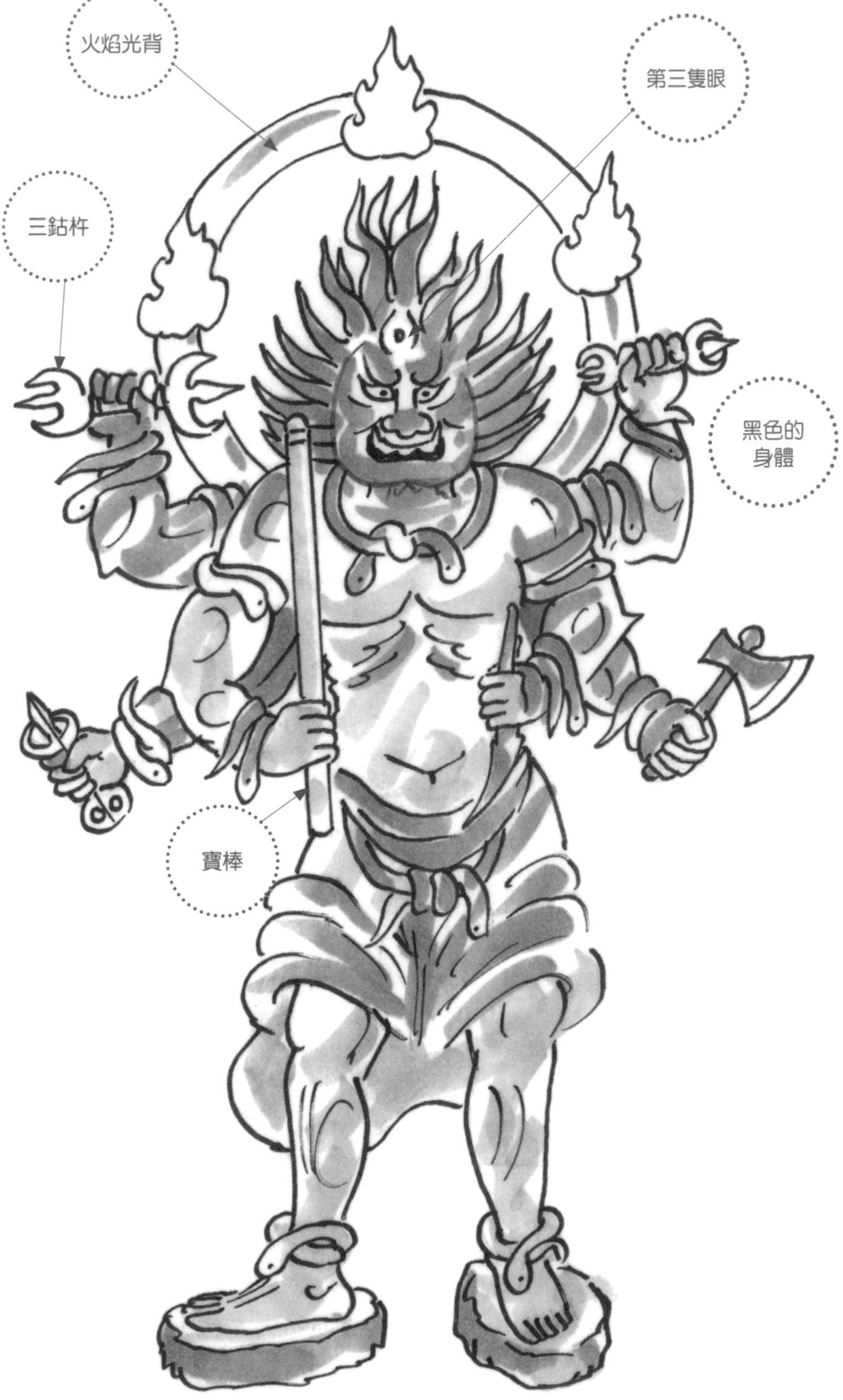
火焰光背
第三隻眼
三鈷杵
黑色的
身體
寶棒

30

烏樞沙摩明王

擁有驅邪淨化的功德

尊名為梵語名Ucchusma音譯而來，也能寫成烏芻沙摩明王，或讀做「烏芻瑟摩」，另外也有穢積金剛、不淨金剛之稱；烏樞沙摩明王曾是古印度的火神，因此也有火頭金剛的別名。因為火焰能燒盡穢物、淨化一切，使得火焰因此受到神化。

不只擁有消除污穢及障礙的功效，也能祈求順利生產，也有人將祂供奉為寺院廁所等污穢處的守護神。

佛像有二臂、四臂等各種類型，但皆呈現背後有火焰的忿怒相。

天

天的特徵

居住於天界的眾神

護持佛法，帶來現世利益

天為梵天、帝釋天、毘沙門天等天界的眾神（天人）總稱，原先為出現在古印度神話的眾神，之後被佛教吸納，成為護持佛法之神。

位居天界，和如來、菩薩、明王的尊格截然不同。天並非佛陀，但能力卻遠遠勝於常人，例如持國天（東方）、增長天（南方）、廣目天（西方）、多聞天（北方）所組成的四天王，是做為護持佛法的方位神，或像大黑天及辯才天這類為眾生帶來福德的神，便被奉為現世利益之神來崇拜。

因為天人所居住的世界也稱為天，為了避免混淆，因此天也有天部之稱，比方利用「天部像」這類表現方式來加以區別。

高居人間界之上的天界

天為六道（地獄道、餓鬼道、畜生道、阿修羅道、人間道、天道），以及十界（地獄界、餓鬼界、畜生界、阿修羅界、人間界、天界、聲聞界、緣覺界、菩薩界、佛界）其中之一，地位高居人間道與人間界之上。

天界為美麗快樂的世界，相傳名為天人的眾神就居住於此；然而更高的「悟道境界」乃是聲聞界以上的四界，這意謂著天界仍屬於「迷亂世界」。

初禪天的梵天、忉利天的帝釋天

佛教中也有人將眾生生死輪迴的世界，分為欲界、色界、無色界三界。

在三界的世界觀當中，一般認為欲界有六欲天（四王天、忉利天、夜摩天、兜率天、樂變化天、他化自在天），色界是將四禪天細分為十七天（又稱十八天），無色界的四天則做為天界。舉例來說，號稱諸天最上位的梵天，對於色界的四禪天而言，只不過是最初階的初禪天罷了。與梵天合稱護法神的帝釋天，就是居住在欲界的忉利天，而持國天、增長天、廣目天、多聞天這四天王，則是居住在欲界的四王天（四天王天），以便就近侍奉帝釋天。

31

梵天

古印度的最高神祇 成為護持佛教之神

古印度的婆羅門教，將宇宙的基本原理神格化，稱之為Brahmā（梵），其後化為印度教之神，成為佛教中守護佛法的梵天。梵字是音譯而來，自古流傳梵語由梵天所創，故而得名。

梵天雖為天部主神，卻不會單獨受到供奉，通常和帝釋天成對，做為如來像或觀音菩薩像的脅侍。儘管原為印度神，佛像卻時常以人類形象、身穿中國唐代顯貴之人所穿的衣服，並乘坐於一隻或四隻鵝的背上。

佛像見聞錄

可以膜拜這尊佛像的寺院！

國寶

名　稱：三月堂「**梵天・帝釋天立像**」

寺院名：**東大寺法華堂（三月堂）**

所在地：奈良縣奈良市雜司町406-1

國寶

名　稱：**梵天・帝釋天立像**

寺院名：唐招提寺

所在地：奈良縣奈良市五條町13-46

東大寺法華堂又名「三月堂」，是一個略為偏僻的隱藏景點。東大寺於奈良時代建造，它不僅是一座少數維持奈良時代建築樣式的建築物，更被登錄為國寶。佛像之外，建築物本身也充滿魅力。

代表性寺院
京都・東寺

小知識

告誡釋迦的梵天
讓釋迦下定決心引導眾生

釋迦的悟道內容十分難解，由於擔心凡夫俗子無法明白，釋迦對於是否要將開悟內容傳授給人們感到躊躇不決。梵天苦勸釋迦將這些偉大的開悟內容授予世人，倘若不這麼做，世界可能因此毀滅，最後終於獲得釋迦首肯，決定向世人傳授佛法。

分辨重點 Point

梵天身穿寬鬆舒適的服飾，手執拂塵或羽扇等持物。除了可愛的天鵝台座之外，手持之物也是一大注目焦點。

鉾
縱觀世界、護持佛法
化佛
蓮花
象徵潔白無瑕的佛陀真理
拂塵
驅趕煩惱
與願印
幫助實現願望
由天鵝支撐的台座
於蓮花台座結跏趺坐
有時也會出現7隻天鵝

32

帝釋天

居住於佛教世界中心・須彌山的城堡內，負責守護佛教

印度神話中身為天空之神、雷神和戰神的因陀羅，化身為佛法的守護神。

在佛教的世界觀中，世界的中心是一座巍然聳立的高山，名為須彌山。帝釋天於須彌山頂，以忉利天之主的身分，居住在名為喜見城的城堡裡，對眾生的善行感到欣喜，對於惡行則加以懲戒。

除了穿著鎧甲、手執金剛杵、騎乘白象之外，也有些帝釋天像為身穿中國風服飾的立像。而做為如來或菩薩三尊像脅侍安置的帝釋天像，外觀上和梵天像幾乎看不出差別。

佛像見聞錄

可以膜拜這尊佛像的寺院！

國寶

名　稱：**帝釋天**
寺院名：經榮山題經寺
所在地：東京都葛飾區柴又7-10-3

以電影「男人真命苦」廣為人知的柴又帝釋天，乃是題經寺的俗稱。帝釋堂沒有花俏色彩，乍看之下相當樸素，然而細部雕刻與精巧裝飾卻令人讚嘆不已。

代表性寺院
奈良・法隆寺
奈良・秋篠寺
京都・三十三間堂

小知識

對出人頭地有所助益之神

帝釋天居於宮殿當中

帝釋天為須彌山頂的善見城主，身邊有四天王及其他隨從侍奉。相傳祂時常查探人世間是否有任何不正的勾當。

分辨重點 Point

帝釋天只有兩隻手臂，不若其他佛像呈現多臂的形象。手執武器，身披看似戰神的鎧甲。

與惡神阿修羅不斷纏鬥的戰神

全身由鎧甲包覆
身為武將，將鎧甲穿在外衣下
妻子為阿修羅之女
柴又的「帝釋天」，常出現在夏目漱石等人的文學作品當中，目前為東京著名的觀光景點。
台座為白象

33

四天王

位於須彌山半山腰的四王天守護四方的諸神

於須彌山半山腰的四王天護持佛法的四神，為東方的持國天、南方的增長天、西方的廣目天、北方的多聞天（毘沙門天），合稱四天王。

佛教在傳入日本後，很快地便受到人們的信仰。大阪的四天王寺，據說就是聖德太子為了供奉四天王像而創建的。

四天王像配置於佛堂須彌壇的四方，多半以身著鎧甲的武將形象示人，有時還會呈現腳踏邪鬼之姿。

世間也有從臣下或弟子、或從某部門當中挑選出四位優秀人選，將其稱為「四天王」，就是根據佛教的四天王變化而來。

代表性寺院
大阪・四天王寺

小知識

位於須彌壇四方的守護神

按照方位配置的守護神

密教特有的多臂佛陀。手持象徵拯救世人、意為繩索或網子的羂索，將外敵和疾病驅除。

佛像見聞錄

可以膜拜這尊佛像的寺院！

國寶

名　稱：**四天王立像**
寺院名：東大寺
所在地：奈良縣奈良市雜司町406-1

東大寺內保存著不少國寶級的佛像，這座四天王立像也是國寶之一，堪稱奈良時代的塑像最高傑作。

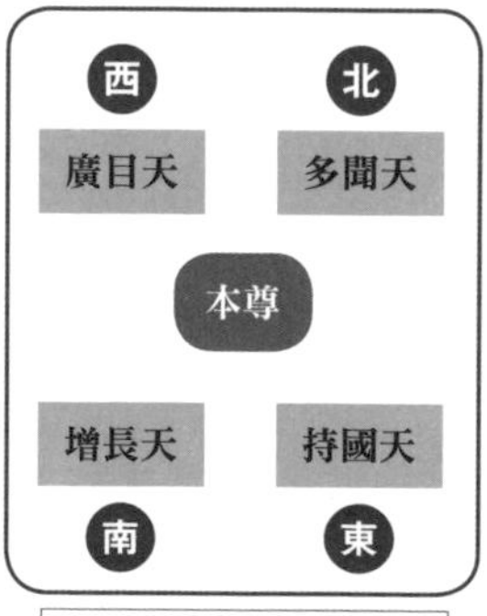

四天王的基本配置

分辨重點 Point

也要注意被四天王像踩踏的邪鬼表情。

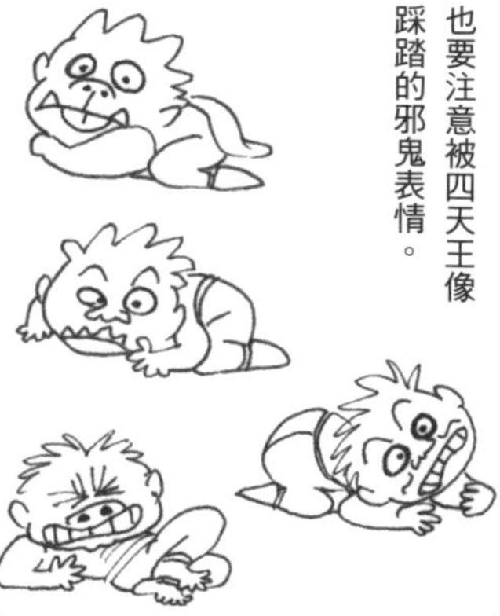

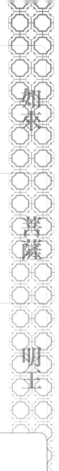

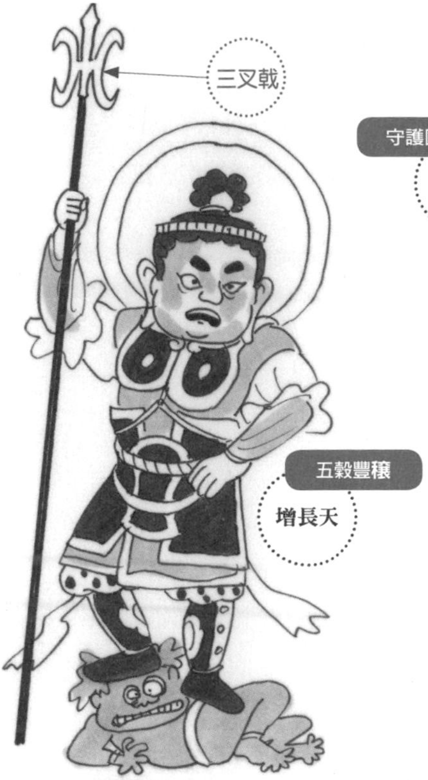
三叉戟
五穀豐穰
增長天

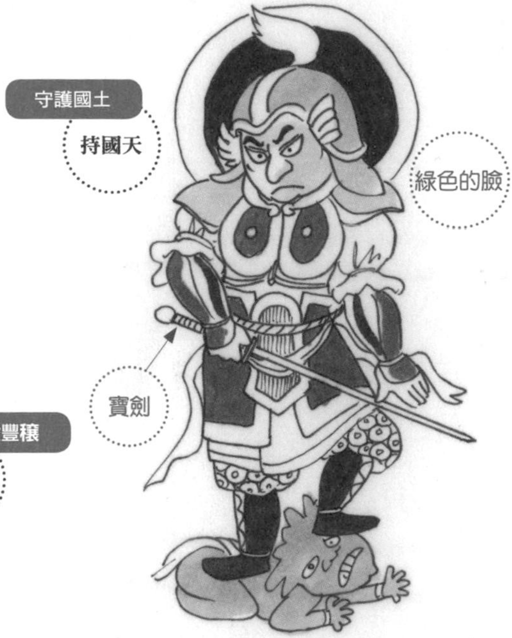
守護國土
持國天
綠色的臉
寶劍

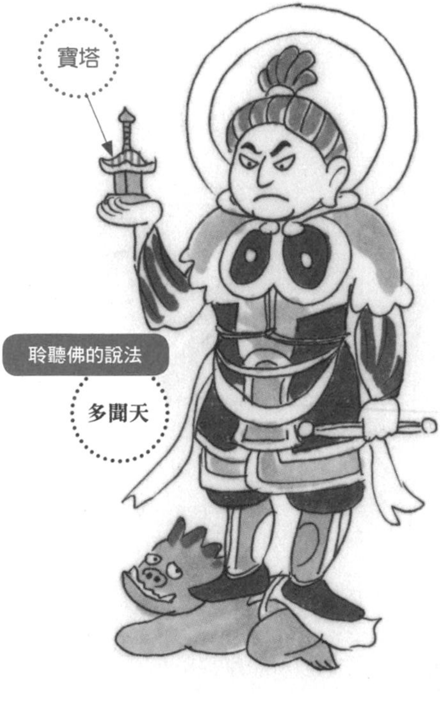
寶塔
聆聽佛的說法
多聞天

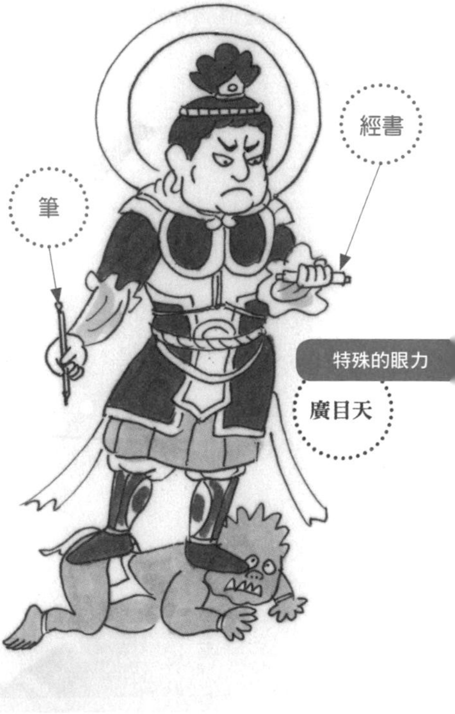
經書
筆
特殊的眼力
廣目天

34 毘沙門天

四天王中的多聞天，同時也是七福神

毘沙門天為四天王之一，為多聞天的別稱。依照梵語名Vaiśravaṇa的發音，將其寫成毘沙門，意譯過來則為「多加聽聞」之意，簡稱多聞。一般而言，以四天王的身分受到供奉時，使用的名字為多聞天，單獨供奉時則會使用毘沙門天之名。

祂居住於須彌山的半山腰，坐鎮北方，為佛法的守護神。古印度神話中，祂也是財寶的守護神，因此便成為帶來財富及幸福之神，在日本也被奉為「七福神」之一。

毘沙門天像多半是以穿著鎧甲，一手持寶塔，一手執戟（古代中國武器）的形象呈現。

代表性寺院

奈良・法隆寺
京都・出雲寺
京都・東寺

小知識

做為賜福之神而大受歡迎　也是有名的「七福神」之一

多聞天負責守護佛教世界的北方，相傳其別名具有驅趕窮神的能力。祂居住在以寶石裝飾的城堡裡，以福德神和戰神的身分廣受崇拜。

佛像見聞錄

可以膜拜這尊佛像的寺院！

國寶

名　稱：**毘沙門天**
寺院名：鞍馬寺
所在地：京都府京都市左京區鞍馬本町1074

鞍馬山以牛若丸（源義經）修行之地而廣為人知。

分辨重點 Point

四天王皆以雙腳踩踏邪鬼，毘沙門天也不例外。邪鬼在佛教的教義中為危害世人的邪惡之物，通常以天邪鬼稱之，具有冥頑不靈或性情乖僻等含義，專指說或做出他人嫌惡之事的人。煩惱也是人類最大的敵人。以反映自己內心或想起長相神似之人的角度來觀賞邪鬼，也不失為一種樂趣。

四天王之一的多聞天，單獨供奉時稱為毘沙門天

戟
寶塔
帶喰
皮帶扣，大多為獅子臉型
看起來像誰呢？
毘藍婆邪鬼
毘藍婆為破壞一切事物的暴風

35

吉祥天

帶來幸運和繁榮的美麗女神

又稱吉祥天女，是帶來幸運、財富、美貌的女神。原為古印度神話及印度教的豐穰女神，也就是毗濕奴的神妃吉祥天女，在佛教吸納為守護神後，便成為毘沙門天的神妃。

吉祥天以美麗容貌、身穿天衣、頭戴寶冠、左手執如意寶珠的形象示人，有時會和同為美麗女神的辯才天（辯財天）混淆。繪於奈良藥師寺麻布上的畫像，以及京都淨瑠璃寺身穿鮮艷服飾及裝飾的木像，兩者均為有名的吉祥天像。

代表性寺院
奈良・東大寺
京都・淨琉璃寺

小知識

為不因嫉妒遭致災禍

記得要一起參拜吉祥天的妹妹黑闇天

吉祥天的妹妹黑闇天，為職司不幸及災難的女神，不同於端莊美麗的姐姐，黑闇天的容貌十分醜陋，為閻魔王妃。在參拜吉祥天的同時，也要向黑闇天祈求除災招福，以免因嫉妒而遭到刁難。

佛像見聞錄

可以膜拜這尊佛像的寺院！

國寶

名　稱：**吉祥天像**
寺院名：鞍馬寺
所在地：京都府京都市左京區鞍馬本町１０７４

鞍馬寺的吉祥天和孩童形象的善膩師童子，同做為毘沙門天三尊立像的脅侍受到供奉。鞍馬寺也是一處著名的熱門景點。

分辨重點Point

特色為光彩亮麗的形象，打扮有如貴婦般華美，由此不難理解為何祂能做為美女的代名詞，並受信眾尊崇。耀眼奪目的頭冠、鑲有寶石的項鏈，使見到的人無不如痴如醉。京都・淨瑠璃的吉祥天女像，是利用奈良・平安時代的繧繝彩色技法裝飾而成，一年開帳3次。

絢麗豪華的衣服是以中國唐代貴婦為範本

很久以前便開始行善積德的天女

豐腴的外貌
十世紀時的美女典範！
寶珠
與願印
實現願望的手印

也有手執蓮花的吉祥天

36

辯才天

祈求學問、技藝、財富廣受信仰的辯天神

「辯天」對於學藝及福德方面非常靈驗，是小老百姓耳熟能詳的女神之一。這位從印度教聖河神變化而來的豐穰女神，梵語名為Sarasvatī，由佛教吸納引進之後，成為智慧、論辯、技藝之神。辯才天像多呈現彈奏琵琶之姿，由於彈奏美妙的音樂，也有妙音天或美音天女之稱。

江戶時代將祂奉為帶來財富的女神，也寫作「辯財天」。雖為佛教神祇，但和市杵島姬命習合（指日本的佛教與神道教流傳合一的狀況），所以多供奉於河邊。嚴島、江之島、竹生島乃是著名的日本三大辯天。

代表性寺院
神奈川・江島神社
滋賀・寶嚴寺（竹生島）

小知識

音樂和財富女神
使學問及音樂的才能大放異彩

鎌倉時代以後，辯才天開始取代吉祥天受到廣泛信仰，至今仍深受喜愛。據說用水洗錢就能提升財運的「錢洗辯天」，是結合辯才天的水神和福神兩種神性所產生的信仰。

佛像見聞錄

可以膜拜這尊佛像的寺院！

國寶

名　稱：**辯財天・出世辯財功德天女**

寺院名：光胤山本光寺

所在地：千葉縣市川市大野町3-1695-1

相傳只要在巳日向「出世辯財功德天女」的親人「白蛇」祈禱，願望就能成功傳達給辯財天，因此這一天為出人頭地及財運方面有助益的大吉之日。

分辨重點Point

辯才天為掌管音樂及學問之神，同時也以「辯財天」的身分成為財富之神。江島神社（神奈川縣）的妙音辯財天像，以「裸辯財天」聞名，為全裸懷抱琵琶的罕見姿態。

美麗
容貌
有時也會手執
武器取代琵琶
辯才天身為佛教界
的護法神，有時也
會手執用來驅趕邪
氣的武器

37

大黑天

與大國主命信仰融合化為福神的戰神

大黑天為印度教濕婆神的化身，是戰神Mahākāla受佛教吸納，化身為佛教護法神。Mahā有「偉大」、kāla有「黑色」之意，兩者合在一起稱為大黑。

大黑天原是破壞世界的可怕惡神，但因「大黑」的日文發音和「大國」相同，於是便和記紀神話中的出雲之神大國主命習合成同一形象。大黑天並非手執武器的戰神，而是背著大袋子、手持萬寶槌，坐在米俵上的福神。有時也和惠比壽一起供奉於廚房內，為生意興隆及家庭的守護神。

代表性寺院

東京・淺草寺　大阪・四天王寺

京都・圓德院

小知識

在童謠中登場的大國主命和白兔神話

白兔為了從隱岐島回到陸地，欺騙鱷魚在海中排成一列，再從其背上跳回陸地，鱷魚發現遭到欺騙後怒不可遏，於是剝下了白兔的外皮。路過的眾神看見白兔傷心地泣不成聲，便告訴牠：「用海水洗澡，再讓風吹乾就能恢復原狀。」白兔按照祂們說的方式清洗，反而皮開肉綻，更加痛苦。直到背著大布袋的大國主命經過，告訴牠：「用淡水沖洗身體，再臥於香蒲穗上，就能恢復原狀。」傷癒復原的白兔向大國主命預言：「您將會和八上比賣成婚。」

佛像見聞錄

可以膜拜這尊佛像的寺院！

國寶

名　稱：**大黑天像**

寺院名：天童山大黑寺

所在地：大阪府羽曳野市大黑499

大黑寺為曹洞宗的寺院，傳說是「大黑天發跡的寺院」，大從巨大石像，小至矮小的木像，寺內擺滿許多大大小小的大黑天像；相傳寺內的大黑天像本尊，為日本歷史最為悠久的佛像。

分辨重點Point

中世紀後加入七福神的行列，為農耕之神及福德圓滿之神，深受民眾信賴。時常供奉於壁龕、玄關、廚房、商店、辦公室等場所，以求取好運。

表演者周遊列國，
跳著大黑舞、
戴著黑色頭巾，
使大黑信仰於民間廣為流傳

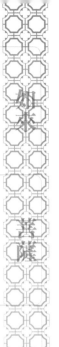

兄長迫使拿持的大布袋

大國主命的兄長們欲向因幡國的八上比賣求婚，對方卻選擇大國主命當她的夫婿，使得兄長們對弟弟懷恨在心。

各種利益

財運亨通、財產增加、廚房守護（賜予食物）、戀愛成就、夫妻和睦、全家平安、家道鼎盛、子孫繁榮等福神庇佑

38

鬼子母神

原為吃嬰孩的鬼女，洗心革面後成為孩童守護神

鬼子母神被奉為賜子、安產、育兒之神，梵語名為Hāritī（訶梨帝），又稱訶梨帝母。訶梨帝為槃闍迦之妻，一開始祂並非善神，而是吃嬰孩的鬼女，釋迦在聽見民眾的指控後，將訶梨帝最寵愛的小兒子藏起來，使其切身感受母親失去孩子的痛苦。在訶梨帝發誓不再殺害世間的小孩後，便讓孩子回到祂的身邊。痛改前非的訶梨帝於是搖身一變，成為守護孩童的佛教護法神。

鬼子母神像是以天女之姿、懷抱嬰孩、手執吉祥果的形象示人。

佛像見聞錄

可以膜拜這尊佛像的寺院！

文化財

名　稱：**鬼子母神像**

寺院名：法明寺鬼子母神堂

所在地：東京都豐島區雜司谷3-15-202

東京．雜司谷的鬼子母神像，呈現出身著華麗服飾、懷抱嬰孩的優雅菩薩形象。10月御會式大祭的萬燈練供養，堪稱是最為人所知的秋天景象。

代表性寺院

東京入谷．真源寺

滋賀．三井寺

小知識

鬼子母神手執吉祥果

石榴和鬼子母神的關係

鬼子母神手上的吉祥果，是一種具有伏魔驅邪、帶來好運的水果，多半呈現石榴果實的形狀。因為只需一顆石榴果實，便能得到許多種子，因此也是豐收及孩童的象徵。

分辨重點Point

這位安產．育兒之神，在女性間深受好評。

穿著中國風服飾，如貴婦般的優美姿態
又稱九子鬼母
寶冠
豐腴的外貌
吉祥果為石榴

39

仁王

安置於寺院大門兩側一對肌肉發達的神像

又稱金剛力士或執金剛神，為佛法的守護神。人們通常將安置於寺院大門左右的兩尊金剛力士像稱為「仁王」。

執金剛神的形象為手執金剛杵、身著鎧甲，然而守護寺院大門的仁王像卻呈現上半身赤裸、肌肉發達的樣貌；其中張嘴的一尊為「阿形」，閉口的一尊為「吽形」。有人將兩尊分為金剛與力士，抑或密跡金剛與那羅延金剛，也有直接將金剛力士視為阿吽者。有些寺院或地區會向仁王供奉草鞋，以祈求雙腳強健有力。

代表性寺院

山形・立石寺
愛知・觀音寺
長野・善光寺
福井・中山寺

佛像見聞錄

國寶

可以膜拜這尊佛像的寺院！

名　稱：**東大寺南大門・金剛力士立像**

寺院名：東大寺

所在地：奈良縣奈良市雜司町406-11

東大寺南大門的金剛力士像，以運慶、快慶之作而聞名，雖為巨大的雕像，卻細緻表現出了肌肉隆起及血管的浮出。

小知識

手執古印度的武器・金剛杵

執金剛神為「手執金剛杵之神」的意思，金剛杵從古印度武器變成一種佛具，執金剛神及仁王，就是憑藉金剛杵的威力而得以守護佛法。

分辨重點Point

仁王為了要守護佛法，一般會以強壯體格加上憤怒形象示人。寺院大門兩側多半會安置一對阿形像與吽形像，大家可以試著比較左右兩邊的佛像有何差異。

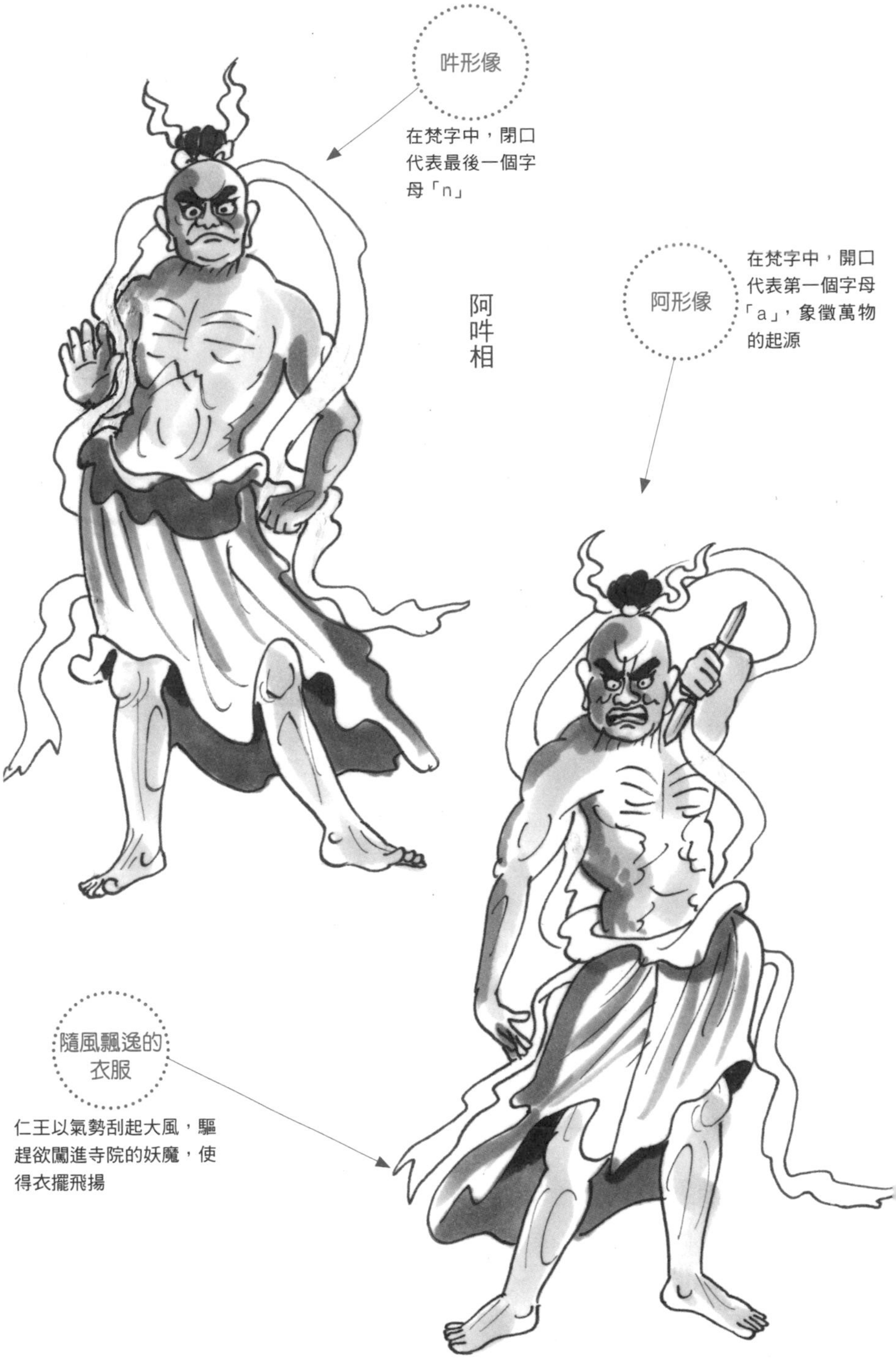
吽形像
在梵字中，閉口代表最後一個字母「n」
阿吽相
阿形像
在梵字中，開口代表第一個字母「a」，象徵萬物的起源
隨風飄逸的衣服
仁王以氣勢刮起大風，驅趕欲闖進寺院的妖魔，使得衣擺飛揚

40

歡喜天

在祈求富貴、生意興隆、孩子健康茁壯等方面十分靈驗的象頭人身之神

印度教的象神Gaṇeśa，在受到佛教吸納後，成為佛法的守護神，又稱大聖歡喜天，簡稱「聖天」。祂是濕婆神與雪山神女之子，雕像多為象頭人身。除了單身像之外，還有男女合抱的雙身像。

對於財富、生意昌隆、欣欣向榮等現世利益非常靈驗，雙身像則奉為夫妻和睦、賜子之神。供奉聖天的佛堂，大部分會以巾著袋或兩根蘿蔔樣式的雕刻裝飾，雙身像一般做為祕佛供奉。

佛像見聞錄

可以膜拜這尊佛像的寺院！

國寶

名　稱：**歡喜天**

寺院名：常光寺

所在地：奈良縣奈良市押熊町212

雖非有名的寺院，但每年都會進行一次歡喜天開帳，這件事在佛像迷間已經廣為流傳。

代表性寺院

東京・本龍院

奈良・寶山寺

小知識

沒有機會一睹風采 帶來利益的祕佛

歡喜天等祕佛通常不會輕易讓人一睹尊容。然而佛像不過是供人膜拜之物，縱使無法見到本尊，只要感受到佛的存在，祂便能引導我們開悟，獲得福報。

分辨重點Point

東京淺草的「待乳山聖天」，加上大阪與奈良交界、位於生駒山的「生駒聖天」，以及神奈川與靜岡交界、位於足柄山的「足柄聖天」，三者合稱「日本三大聖天」。然而歡喜天（聖天）多半都會做為祕佛來供奉，一般人幾乎沒有機會可以窺其樣貌。

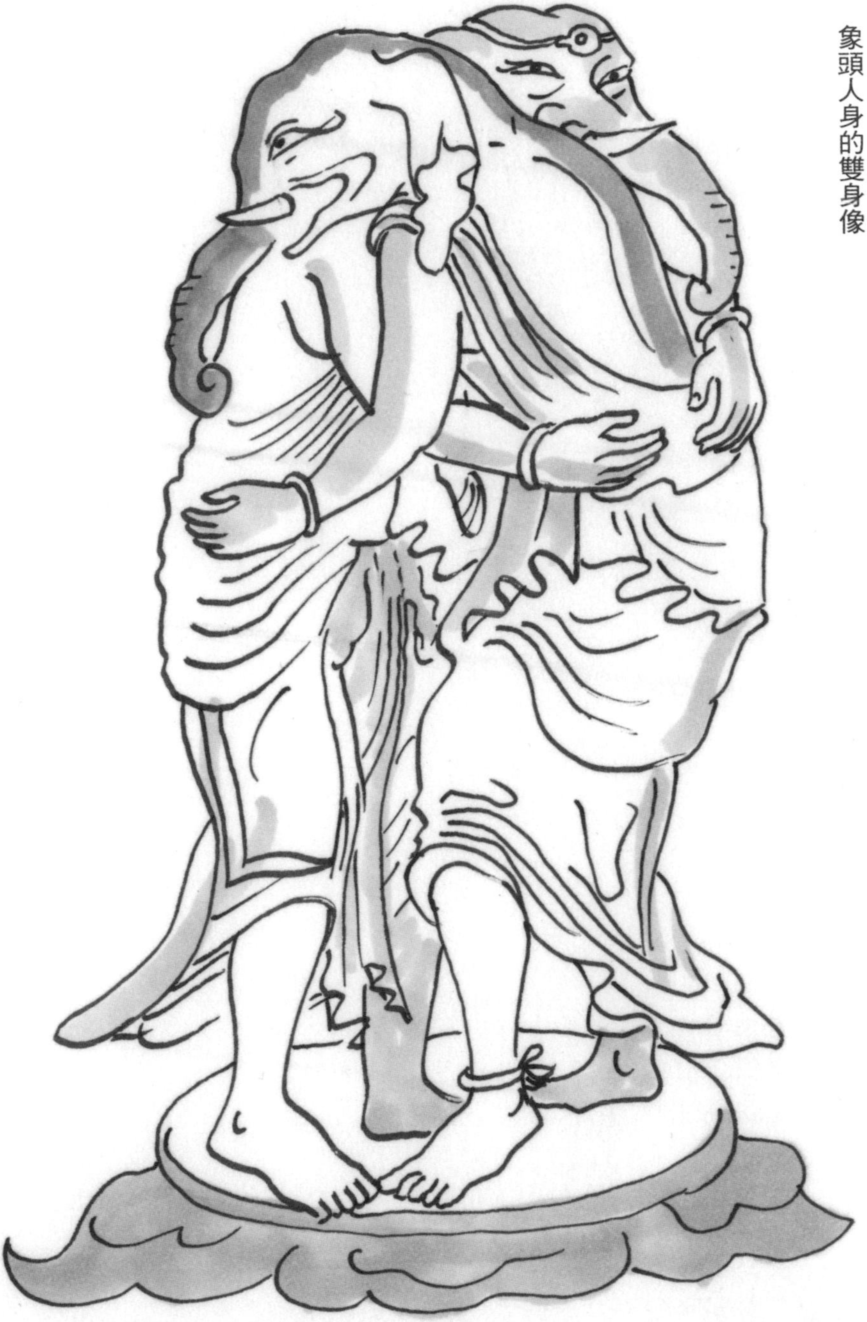

象頭人身的雙身像

41 閻摩

負責審判生前罪孽的地獄之王

又稱閻魔王，為地獄的法官，負責裁決死者生前的善惡，並給予適當的懲罰。

原為印度神話中名為Yama的死神，也是人世間的首位死者，後來成為掌管亡者國度的死神。受到佛教吸納後，在中國和道教結合成為閻羅王，後來又傳入日本，稱為閻魔，因此有著頭戴頭冠、身穿道服、手執奏板的中國風樣貌。閻摩也為地藏菩薩的化身，除了替死者除罪之外，還能向祂祈求延命、除災，日本的閻魔堂內也常將祂和守在三途川河岸的奪衣婆像擺在一起。

佛像見聞錄

可以膜拜這尊佛像的寺院！

國寶

名　稱：**閻魔大王像**

寺院名：圓應寺

所在地：神奈川縣鎌倉市山之內1543

由於這裡的閻魔王本尊出現微笑表情，因此被稱為「笑閻魔」，也因守護孩童，為著名的「育子閻魔」。

代表性寺院

東京．勝專寺

京都．引接寺

小知識

常在學校裡使用的閻魔帳究竟是什麼呢？

日本信仰中的閻魔為地獄的法官，閻魔帳是閻魔記錄死者生前行為及罪惡的筆記本，後來逐漸演變成老師記錄學生成績及操行的記事本。

分辨重點 Point

閻摩會嚴格地審判人類生前的所做所為，因此閻摩像通常都是可怕的表情。閻魔堂多較陰暗，藉以營造臨場感，有些甚至利用牆上開關，讓光線只打在閻摩像上，使其令人生畏。

天堂和地獄的交叉路口

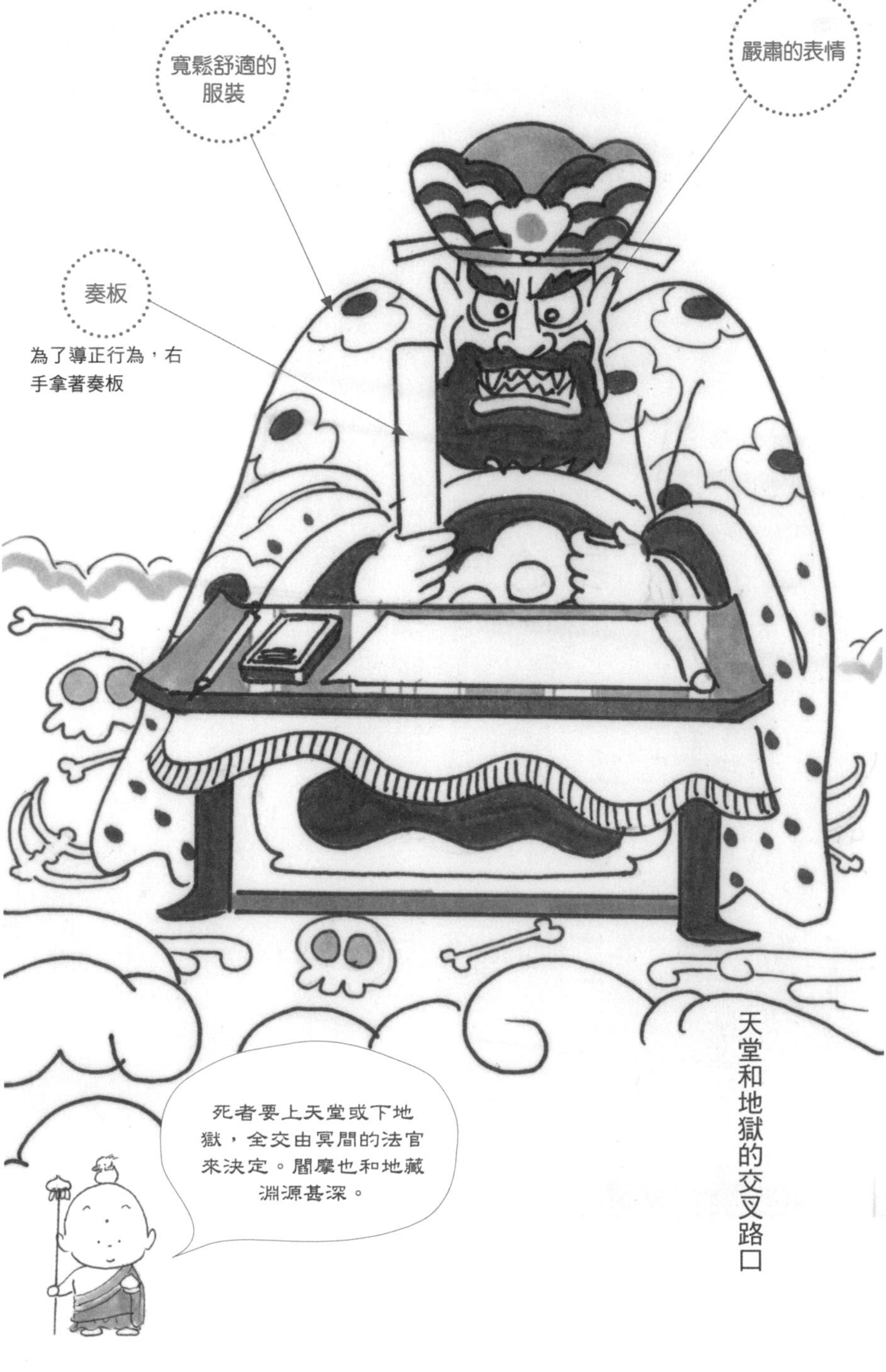
寬鬆舒適的服裝
嚴肅的表情
奏板
為了導正行為，右手拿著奏板
死者要上天堂或下地獄，全交由冥間的法官來決定。閻摩也和地藏淵源甚深。

42

十二神將

藥師如來的護衛 和十二支息息相關

受到藥師如來影響而皈依佛教的十二位武神，每位皆有許多手下，不僅協助守護藥師如來，也會為藥師如來的信徒消除痛苦，實現眾人願望。

相傳十二神是應藥師如來發下的十二大願而現身，其後和十二支連結，比如宮毘羅大將為子（或亥）、伐折羅大將為丑（戌）、迷企羅大將為寅（酉）等等，每位神將都守護著相應的時辰與方位。

十二神像的形象為身穿鎧甲、手執武器，擺出充滿躍動感的姿勢，也有些神像是以頭頂十二支動物的樣貌示人。

代表性寺院
奈良・法隆寺
奈良・室生寺

小知識

象徵十二支
分別守護日夜十二小時

十二神將在經書中和十二支毫不相關，但平安時代以後，頭頂十二支動物的雕像開始陸續出現，其中不乏獸頭人身、或將十二支動物做為台座的神將圖。

※重文：重要文化遺產的簡稱

佛像見聞錄

可以膜拜這尊佛像的寺院！

重文 名　稱：**十二神將立像**
寺院名：新藥師寺
所在地：奈良縣奈良市高畑町1352

有如守護本尊藥師如來一般在周遭圍成一圈，為日本歷史最悠久，同時也是最大型的十二神將像。其中尤以伐折羅大將最為著名，長久以來做為500元郵票的圖案，名聲廣為流傳。

分辨重點Point

每尊十二神將像皆呈現「自信滿滿」的生動姿勢，譬如新藥師寺的十二神將立像，就展現出其優美造型，看起來栩栩如生。

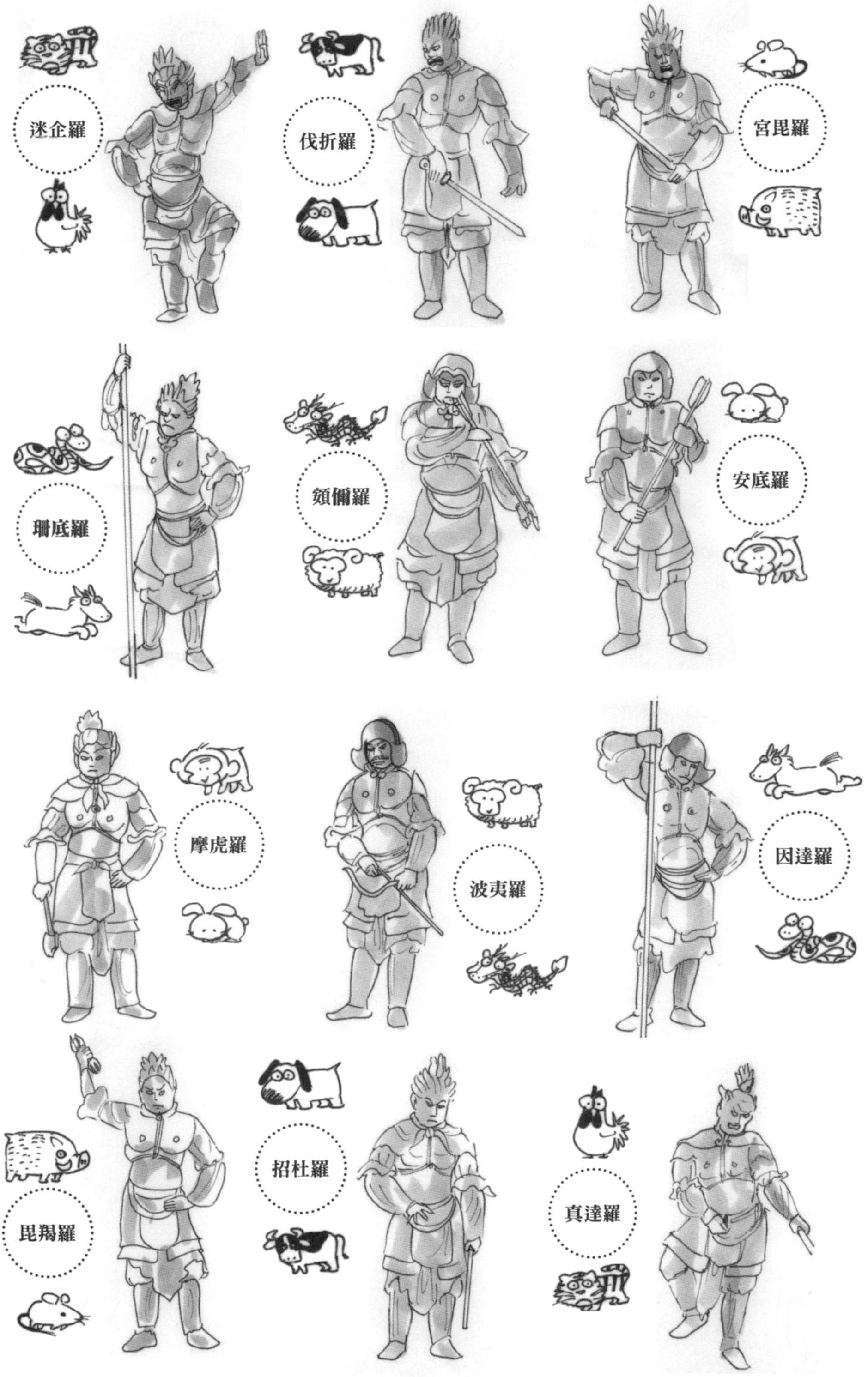
迷企羅
伐折羅
宮毘羅
珊底羅
頞儞羅
安底羅
摩虎羅
波夷羅
因達羅
毘羯羅
招杜羅
真達羅

43

十二天

守護佛教世界八方、天地、日月的眾神

十二天在佛教世界裡為天部眾神的代表，是十二尊守護四方（東西南北）、四維（西北、西南、東北、東南）、天地（上下）、日月的神祇總稱。這些神祇是在印度神話及婆羅門教受到佛教吸納後，才成為守護佛法的善神。

東有帝釋天、東南有火天、南有焰摩天、西南有羅剎天、西有水天、西北有風天、北有多聞天、東北有伊舍那天、天有梵天、地有地天，再加上日天和月天。

十二天的雕像相當罕見，多半皆為畫像，不過京都東寺卻藏有平安時代的僧侶於法會遊行時所戴的十二天面具。

代表性寺院
奈良・新藥師寺
奈良・興福寺

小知識

密教儀式中守護修法的道場

雖然十二天守護著四方、四維及天地，但平時並不常見，主要是畫在屏風上，做為密教儀式或修法道場的守護神。因此自古以來，一般人幾乎沒有機會看見十二天像。

佛像見聞錄

可以膜拜這尊佛像的寺院！

國寶

名　稱：**十二天畫像**
寺院名：京都國立博物館
所在地：京都府京都市東山區茶屋町527

京都・東寺舊藏的十二天畫像，於宮中真言院祈求天皇健康與國泰民安的後七日御修法時使用。

分辨重點 Point

十二天雕像非常罕見，目前只能看到以掛軸或屏風畫形式流傳下來的十二天像。十二尊各有特色的天部像，相當值得一看。

羅刹天
焰摩天
火天
帝釋天
伊舍那天
多聞天
風天
水天

地天
梵天

除此之外還有日天和月天。

44

八部眾

皈依佛教的龍與鬼神

原是古印度神話中登場的鬼神，在聽了釋迦說法後受到教化，於是成為佛法的守護神，又稱天龍八部眾。

八部眾是由天部眾神的「天」、蛇神化而來的「龍」、惡鬼「夜叉」、以香氣為食來演奏音樂的「乾闥婆」、與天上眾神戰鬥的「阿修羅」、口中吐火以龍為食的「迦樓羅」、半人半獸的「緊那羅」、蛇頭人身的「摩睺羅迦」等八神所組成。

八部眾的說法眾說紛紜，以阿修羅像著稱的興福寺八部眾像，即是將天、龍、夜叉、摩睺羅伽，改為五部淨、沙羯羅、鳩槃荼、畢婆迦羅。

佛像見聞錄

可以膜拜這尊佛像的寺院！

國寶

名　稱：法華堂（三月堂）「**乾漆不空羂索觀音立像**」

寺院名：東大寺

所在地：奈良縣奈良市雜司町406

「乾漆八部眾立像」安置於寺內的「國寶館」，其中阿修羅像更是聲名遠播，每座佛像各有獨特表情。除了八部眾之外，興福寺的國寶館內還有不少佛像名作，絕對不容錯過。

代表性寺院
奈良．興福寺

小知識

乾漆造佛像

流傳不少古代名作

興福寺的八部眾立像，是採用麻布和漆加固的乾漆造技法製作。乾漆造為古代常見的佛像製作手法，由於能表現出纖細的造型，因此創作出不少名作。諸如阿修羅像等八部眾像，之所以能展現如此靈活的神態，乾漆造即是要因之一。可惜的是，乾漆造的做法過於繁瑣，致使平安時代以後便逐漸消聲匿跡。

分辨重點 Point

奈良．興福寺的阿修羅像，最引人入勝之處為祂的面部表情，據說祂的三張臉會隨著每個人心中的想像，呈現出苦惱、憂慮、悲傷、憤怒、堅強意志、希望、朝氣蓬勃等不同樣貌，就像是一面反映自己內心想法的鏡子。

奈良國立博物館的阿修羅立像，則是參考興福寺的收藏品，利用奈良時代（天平期）技術還原的仿造品，鮮明的朱紅色身體等特色皆逐一重現。

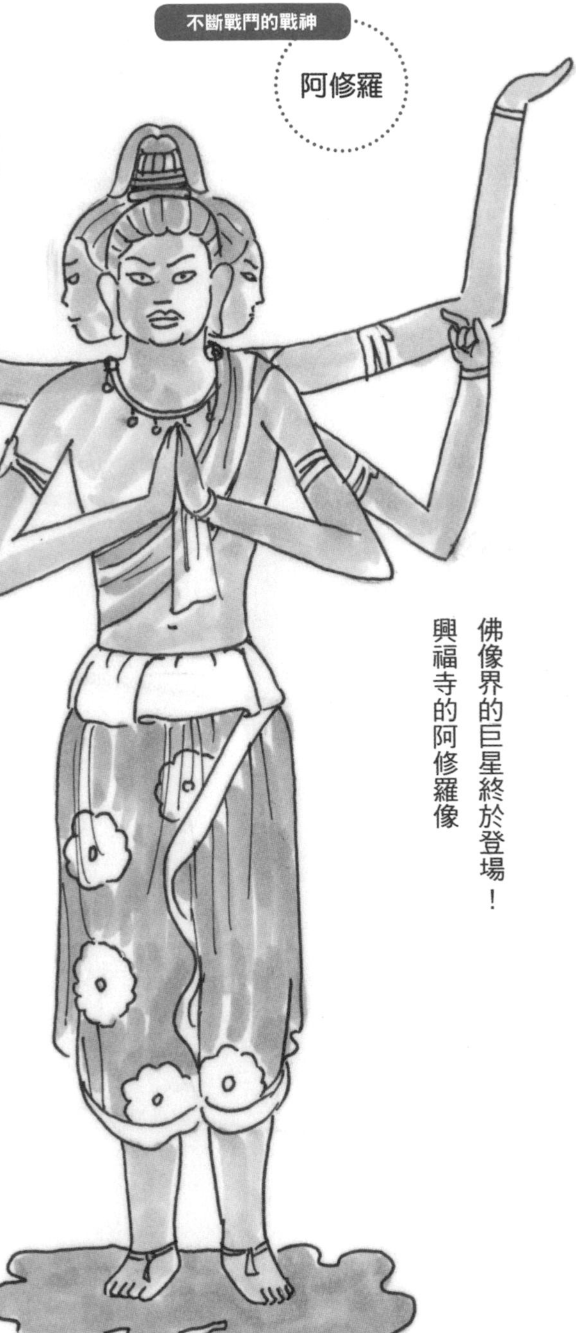
不斷戰鬥的戰神
阿修羅

佛像界的巨星終於登場！
興福寺的阿修羅像

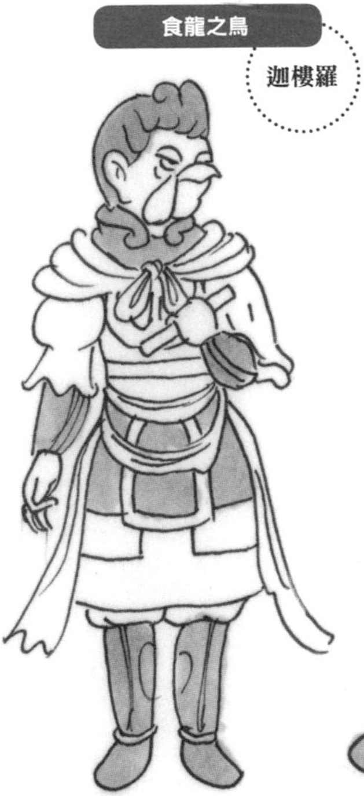
食龍之鳥
迦樓羅

鬼神之身的護法神
夜叉
天界眾神的代表
天
能夠呼風喚雨
龍
蛇頭人身之神
摩睺羅伽
以吃香氣為生
乾闥婆
頭上長角的音樂神
緊那羅

垂跡・羅漢等

垂跡的特徵

日本神祇的原始姿態為佛菩薩

讓神佛同化的本地垂跡說

垂跡指佛及菩薩為了拯救眾生，以各種不同化身示人。釋迦牟尼認為理想的佛是從垂跡轉化而來，這個觀點也擴及到其他的佛菩薩上。

日本的本地垂跡說，是從奈良時代開始盛行。這是為了讓過去的神祇信仰，和新興的佛教神佛信仰融合，透過「神佛習合（神佛混淆）」的方式，給予兩者平等待遇。這個思想經過中世紀、近代的洗禮，逐漸為許多人所接受，持續至明治初期政府實行神佛分離為止。

在本地垂跡說當中，日本的神祇乃是佛菩薩的垂跡身。例如天照大神的原形為大日如來；熊野三所權現的原形為阿彌陀如來、藥師如來、千手觀音；市杵島姫命的原形為辯才天等。

羅漢的特徵

完成修行的尊者

佛弟子的十六羅漢、五百羅漢

羅漢指修習佛法到達最高境界的尊者，是從具有值得尊敬和供養之人含義的梵語arhat音譯而來，為「阿羅漢」的簡稱，意譯則稱為應供。

應供為「佛十號（如來十號）」之一，乃是佛（如來）的尊稱，代表完成修行並斬斷一切煩惱、修學已達圓滿之人。由於已到達無需繼續修學的境界，因此也稱為無學。

向釋迦誓言護持佛法，以賓頭盧（賓度羅跋囉惰闍）為首的16位佛家弟子，以及釋迦入滅後參加第一次結集（經典編纂會議）的五百比丘，分別被奉為「十六羅漢」和「五百羅漢」。

45

七福神

帶來生意興隆、豐收、財富等現世福澤的七位神祇

從室町時代開始，人們將惠比壽、大黑天、毘沙門天、辯才天、福祿壽、壽老人、布袋等七位招來福德的神祇，共同奉為「七福神」。這七位神祇分別保佑生意興隆、漁獲豐收、五穀豐登、財富、智慧、長壽等現世福澤。

七福神的由來眾所紛紜。手持釣竿、懷抱鯛魚的惠比壽為日本神祇；背著袋子、手持萬寶槌的大黑天、身披鎧甲、手執長戟的毘沙門天，以及彈奏琵琶的辯才天，這三位皆為印度神祇；腦袋長長的福祿壽，和有鹿相隨的壽老人，為中國道教之神；大布袋則是中國禪僧。

正月前往供奉七福神的寺社參拜，稱為「七福神巡禮」。這項傳統活動，時至今日依然相當盛行。

46

權現

佛的化身 出現在世人面前的形態

權現是佛和菩薩為了拯救眾生，透過化身，以日本神的形象出現在世人面前。由於日本的本地垂跡說自平安時代開始盛行，使得眾神成為佛和菩薩的權現。神社所供奉的神則以春日權現、山王權現、熊野權現稱之，尤其山岳信仰或修驗道的靈場之神，更以白山權現或立山權現這類權現號風靡一時。

據說在西元7世紀，役行者（役小角）於金峰山修行時成功感應藏王權現，於是便將祂奉為奈良縣吉野金峯山寺的本尊。藏王權現為釋迦如來、千手觀音、彌勒菩薩三尊合體的化身，為日本特有的佛。

47

青面金剛

驅散病魔之神
庚申信仰的本尊

為具有驅除病魔效果的神祇，原為傳播疾病的鬼神，呈現藍色身體、四臂或六臂，與三眼赤如血的忿怒相。

從前日本深受中國道教的影響，相信在庚申日夜晚，藏在身體內的三屍蟲會趁人們睡覺時外出，向天帝告發此人所犯的罪過。因此每到庚申日的夜晚，日本人會按照「庚申待」的習俗徹夜不眠，而青面金剛就是庚申待的本尊。庚申信仰中將猿猴視為神的使者，因此在青面金剛像上方常出現「不見、不聞、不言」三隻猴子的雕像。

48

十六羅漢

總是不忘佛陀教誨 護持佛法的眾尊者

為釋迦囑咐永遠於世間護持佛法的十六位尊者。特別受到禪宗推崇，從鎌倉時代開始出現畫像。

第一尊者賓度羅跋囉惰闍，又稱賓頭盧尊者，像是安置於寺院本堂外陣（內陣安置佛像，外陣為參拜空間）。撫摸和自己身上傷口相同部位，以祈求身體康復、名為「賓頭盧」或「撫摸佛」的木像，即為賓頭盧尊者。注茶半託迦（周利槃特）雖然天資駑鈍，在心中抱持「去塵除垢」的信念，不斷堅持打掃之下，最後終於悟透真理。有句諺語說「愚笨的槃特也有文殊的智慧（資質駑鈍之人只要努力修行，也能和智者一樣開悟得道）」，就是從注茶半託迦的故事而來。

佛像畫：
さとう有作●さとうゆうさく
生於1949年，千葉縣出身，現為漫畫家。為はらたいら唯一的弟子。主要著作有《まんが茶の湯入門》（平凡社）、《脳卒中の介護とリハビリ》（主婦と生活社）、《知識ゼロからの般若心経》、《知識ゼロからの南無阿弥陀仏入門》（以上為ひろさちや著，さとう有作作畫，幻冬舍出版）等。過去擔任原千葉大學教育學系兼任講師，千葉大學校友，以及千葉電視台放送節目審議委員等職務。

解説文：
重信 秀年●しげのぶ ひでとし
生於1961年，廣島縣廣島市出身，早稻田大學第二文學系畢業，專攻日本文學，高中曾加入登山社，大學隸屬探險社。在結束高中國文老師、廣告製作公司的工作後，進行環遊世界之旅，其後成為自由作家。寫作內容涵蓋日本的歷史文化、登山等。著作有《神社とお寺》（アントレックス）、《運気を拓く霊山巡拝》（六月書房）、《「江戸名所図会」でたずねる多摩》（けやき出版）等。

執筆協力：
田中治郎●たなかじろう
生於1946年，宮城縣出身，畢業於橫濱市立大學。過去曾參與佛教書籍的編輯工作，現在則以佛教書籍、小品文的撰稿及演講活動為主。主要著作有《面白いほどよくわかる日本の宗教》、《面白いほどよくわかる日本の神様》（日本文芸社）、《現代を読み解く仏教の智慧》（麗澤大学出版会）、《お寺と神社の作法ブック―冠婚葬祭とお参りのマナー》（学習研究社）、《折れない心をつくる 名僧の言葉》（PHP研究所）等等，另外還擔任佛教學院「柏樹庵」的主持人。

◆企劃・構成・設計・DTP／岩間南帆　高久真澄（ねころのーむ）

出　　版／楓書坊文化出版社
地　　址／新北市板橋區信義路163巷3號10樓
郵 政 劃 撥／19907596　楓書坊文化出版社
網　　址／www.maplebook.com.tw
電　　話／02-2957-6096
傳　　真／02-2957-6435
翻　　譯／趙鴻龍
責 任 編 輯／謝宥融
內 文 排 版／謝政龍
總　經　銷／商流文化事業有限公司
地　　址／新北市中和區中正路752號8樓
網　　址／www.vdm.com.tw
電　　話／02-2228-8841
傳　　真／02-2228-6939
港 澳 經 銷／泛華發行代理有限公司
定　　價／300元
初 版 日 期／2019年3月

國家圖書館出版品預行編目資料

寺院佛像手繪圖鑑 / さとう有作, 重信秀年, 田中治郎作；趙鴻龍譯. -- 初版. -- 新北市：楓書坊文化, 2019.03　面；　公分

ISBN 978-986-377-457-0（平裝）

1. 佛像 2. 佛教藝術 3. 日本

224.6　　107023659